Bulgarien & Balkan mit dem Motorrad

Für die, die mehr wissen wollen!

Von Marbie Stoner

Buchbeschreibung:

Im Zeichen der Flüchtlingskrise.

Bereiste Länder:

Deutschland – Österreich – Ungarn – Serbien – Bulgarien – Makedonien – Kosovo - Montenegro – Bosnien Herzegowina - Kroatien – Slowenien – Österreich – Deutschland.

Gefahrene Kilometer: 6.691

Unser Reisebericht ist aus den verschiedenen Sichtweisen und Wahrnehmungen einer Frau und eines Mannes verfasst. Auch das unterschiedliche fahrerische Können spielt eine Rolle, ich bin schlechthin nicht so risikofreudig und habe keine Bedenken gegen asphaltierte Straßenbeläge. Ich bin mehr der defensive Typ, zögere manchmal zu lange und denke zu viel. Daran arbeite ich noch.

Berichte von George oder von mir sind entsprechend gekennzeichnet. Nachzulesen mit deutlich mehr Bildern in Farbe unter meinem Blog, siehe Impressum.

Über die Autorin:

Marbie Stoner ist Jahrgang 1958, Mutter von zwei erwachsenen Töchtern, und schreibt unter Pseudonym. Sie lebt in Karben im Wetteraukreis in Hessen. Sie absolvierte einen Kurs in "Die Kunst des Schreibens" an der Axel Anderson Akademie im Bereich "Belletristik" sowie zahlreiche Kurse in der Hobbymalerei: Porträt und Landschaft. Veröffentlichungen siehe letzte Seite im Buch.

Ferner ist sie Mitglied in der Künstlerinitiative Karben.

Ihre Freizeit verbringt sie im Sommer auf dem Motorrad und im Winter vor der Staffelei.

Für Rückmeldungen und Kritik ist sie auf ihrer Website http://www.margitta-bieker.de oder auf http://marbieblog.wordpress.com dankbar.

Inhaltsverzeichnis

Impressum 8
Dobre doshli oder herzlich willkommen bei unserer Bulgarien- und Balkantour! 11
Die Eckdaten unserer Balkan Tour vom 29.05. - 20.06.2015 13
Freitag, 29.05.2015. Start in die Stadt der drei Flüsse: Passau – von Marbie. 17
Freitag, 29.05.2015: Hessen goes Balkan - von George. 19
Samstag, 30.01.2015 von Marbie. Jeder Sturz ist eine Schande – für die Straße! 20
Samstag, 30.05.2015: Passau - Kirchberg (Wechsel) von George. 23
Sonntag, 31.05.2015: Kirchberg (Wechsel) - Tihany (Balaton/Plattensee) - von George. 26
Sonntag, 31.05.2015. Nach Ungarn zum Plattensee - von Marbie. 28
Montag, 01.06.2015. Nach Serbien – von Marbie. 30
Montag, 01.06.2015: Tihany (Balaton) nach Kovacica – von George. 34
Dienstag, 02.06.2015. Nach Belogradchik/Bulgarien – von Marbie. 37
Dienstag, 02.06.2015: Kovacica – Belogradchik von George. 41

Mittwoch, 03.06.2015: Belogradchik – Vratsa von George. 44
Mittwoch, 03.0.2015. In den Naturpark Vracanski Balkan – von Marbie. 46
Donnerstag, 04.06.2015. Zum Nationalpark Zentralbalkan nach Aprilski - von Marbie. 49
Donnerstag, 04.06.2015: Vratsa – Apriltsi von George. 53
Freitag, 05.06.2015: Apriltsi – Gabrovo von George. 56
Freitag, 05.06.2015. Nach Gabrovo – von Marbie. 58
Samstag, 06.06.2015. Nach Kardzali - von Marbie. 62
Samstag, 06.06.2015: Gabrovo – Kardzali – von George. 65
Sonntag, 07.06.2015. Nach Devin - von Marbie. 68
Sonntag, 07.06.2015: Kardzali – Devin von George. 71
Montag, 08.06.2015. In die Trigrad Schlucht – von Marbie. 74
Dienstag, 09.06.2015. Zum Rilakloster – von Marbie. 82
Dienstag, 09.06.2015: Von Devin nach Rila - von George. 85
Mittwoch, 10.06.2015. Im Rila Gebirge zum Rila Kloster – von Marbie 89
Mittwoch, 10.06.2015: Rila – von George. 93

Donnerstag, 11.06.2015. Von Bulgarien nach Makedonien – von Marbie. 95
Donnerstag, 11.06.2015: Rila – Skopje von George. 106
Freitag, 12.06.2015. The day after in Skopje – von Marbie. 111
Samstag, 13.06.2015. Nach Montenegro - von Marbie. 114
Samstag, 13.06.2015: Prevalla – Mojkovac von George. 117
Sonntag, 14.06.2015. Nach Sarajevo – von Marbie. 120
Montag, 15.06.2015. Sarajevo – von Marbie. 124
Montag, 15.06.2015: Sarajevo - von George. 128
Dienstag, 16.06.2015. Sarajevo nach Glina/ Kroatien – von Marbie. 129
Dienstag, 16.06.2015: Sarajevo – Glina von George. 132
Mittwoch, 17.06.2015. Von Kroatien nach Feldkirchen / Österreich – von Marbie. 135
Donnerstag, 18.06.2015. Von Österreich nach Obin in Deutschland – von Marbie. 139
Donnerstag, 18.06.2015: Feldkirchen in Kärnten – Obing von George. 141
Freitag, 19.06.2015. Von Obin nach Karben – von Marbie. 145

Freitag, 19.06.2015: Obing – Karben von George 146

Weitere Reiseberichte von uns 147

Impressum

Marbie Stoner
Hauptstraße 6
61184 Karben
    kontakt@margitta-bieker.de
    www.margitta-bieker.de
http://marbieblog.wordpress.com
    Alle Rechte vorbehalten.
Hier sehen Sie mehr Bilder und vor allem in Farbe!
Kommentare willkommen!

1. Auflage 2015
ISBN: 9783740715793
TWENTYSIX - Der Self Publishing Verlag
Eine Kooperation der Verlagsgruppe Random House und BOD - Books on Demand
Herstellung und Verlag:
BOD - Books on Demand, Norderstedt

Bibliografische Informationen der Deutschen Nationalbibliothek: Die Deutsche Nationalbibliothek verzeichnet diese Publikation in der Deutschen Nationalbibliografie, detaillierte bibliografische Daten sind im Internet über dnb.dnb.de abrufbar.

Text: © Copyright by Marbie Stoner
Mitglied bei den Women on Wheels e.V. :
www.wow-germany.de
und bei der Karbener KünstlerInitiative e.V.
http://www.karbener-kuenstler.de/
Bildmaterialien:

Coverfoto: Heinz Georg Schmittlein
www.moriniwest.de und george@moriniwest.de

Für meinen George.

Mit dir fahre ich
auf (fast) allen Straßen
dieser Welt!

Denn was ich nicht lebte,
werde ich ewig vermissen.

Dobre doshli oder herzlich willkommen bei unserer Bulgarien- und Balkantour!

Länder für Aktivurlauber und ein El Dorado an Kurven für Motorradfahrer. Ich freue mich, dass Sie sich für unsere Balkan Tour interessieren, lassen Sie sich mitnehmen auf unsere Tour nach Bulgarien, welches für viele Menschen nur ein billiges Urlaubsland an der 378 Kilometer langen Schwarzmeerküste ist.

Aber Bulgarien bietet hinsichtlich seiner Berge (550 Kilometer langes Balkangebirge, Pirin– und Rilagebirge), der sanften Hügel der Rhodopen im Süden an der Grenze zu Griechenland, eine unvergleichliche Landschaft, mit im Juni angenehmen Temperaturen von 23 – 30 Grad.

Ferner werden Ihnen eine unvergleichliche und herzliche Gastfreundschaft und Begegnungen mit freundlichen Menschen, sowie eine schmackhafte Küche an der Schnittstelle zwischen Europa und dem Orient zuteil.

Bulgarien ist ein relativ kleines Land mit zirka 7,6 Millionen Einwohnern, mit nur drei wirklich großen Städten: Hauptstadt Sofia mit 1,4 Mio., gefolgt von Plovdiv im Süden mit 380.000 und Varna an der Schwarzmeerküste mit 364.000 Einwohnern.

Der Norden ist sehr flach und wird von der fruchtbaren Donauebene bestimmt. Diese Region wurde von uns auf der Hinfahrt nur gestreift. Uns trieb es in die Berge.

Bulgarien bietet Bilder voller Gegensätze: Pferdekarren im dichten Stadtverkehr, frei laufende Kühe, Ziegen, Schafe und Schweine am Straßenrand, Straßen mit sehr gutem und sehr schlechtem Straßenbelag und das innerhalb weniger Kilometer. Architektur in Beton und Leben in Plattenbauten, Denkmäler und Skulpturen der Nationalhelden. Lavazza Kaffeeautomaten an jeder Straßenecke, aus denen der Espresso sehr gut schmeckt.

Einziger Nachteil: die Sprache mit den für uns nicht lesbaren kyrillischen Schriftzeichen. Außer den Autokennzeichen und den meisten Straßenschildern sehen Sie ausschließlich kyrillische Schrift. Sie wurde als dritte offizielle Schrift von der EU anerkannt.

Eine Speisekarte ohne englische Übersetzung oder Fotos von Speisen können Sie vergessen oder Sie scheuen kein Risiko bei der Bestellung. Mitunter kann das Ordern von Milch für den Kaffee bereits eine Herausforderung sein, vor allem in den kleinen, verschlafen wirkenden Dörfern. Mit Händen und Füßen und einem Sprachführer in Bulgarisch klappt es dann meistens doch.

Motorradurlauber werden stets neugierig und anerkennend beäugt. Bulgarien ist jedoch (noch) keine Dienstleistungsgesellschaft. Obwohl stattlich mit Hotels aller

Sterneklassen ausgestattet, sind hier doch überwiegend Bulgaren anzutreffen, die sich vermutlich einen Auslandsaufenthalt nicht leisten können.

Die Eckdaten unserer Balkan Tour vom 29.05. - 20.06.2015

Motorräder:
Marbie: BMW F 650 GS, Bereifung Conti Trail Attack 2, 80 Liter - Gepäckrolle von Touratech, Tankrucksack Enduristan, Navi Garmin Zumo 220, KM - Stand: 61.800, bei Rückkehr: 68.491

George: Husqvarna Zupin Nuda 900, Bereifung Conti TKC 80, Seitentaschen Moonson von Enduristan auf umgebauter Bank mit Abstandhalter, plus Packrolle, Tankrucksack Touratech Dakar, Navi Garmin Zumo 390.
KM – Stand: 17.000

Abb. 1
Gesamtroute Balkantour
gegen den Uhrzeigersinn -mit www.motoplaner.de und
Open topo map dargestellt.
„© OpenStreetMap-Mitwirkende".
www.openstreetmap.org / Copyright

Gefahrene Kilometer: 6.691

Spritpreise:
Ungarn ca. 1 Euro, Währung Forinth
Serbien ca. 1,20 Euro, Währung Dinar
Bulgarien ca. 1,20 Euro, Währung bulgarische Lev (BGN)
Makedonien Währung Denar
Kosovo ca. 1,20 Euro
Montenegro 1,10 Euro
Bosnien Herzegowina 1,08 Euro
Währung Konversible Mark (KM)
Slowenien 1,10 Euro

Tankstellen, grundsätzlich mit Bedienung!
Gutes Netz, zahlbar mit Kreditkarte. An ganz kleinen Tankstellen nur bar. Der Reservekanister für die Husqvarna aufgrund des geringen Tankvolumens von 13 Litern haben wir nicht gebraucht.

Übernachtungen sind im Schnitt um die Hälfte preiswerter als in Deutschland, Essen und Trinken bei guter Qualität ebenfalls.

Reiseführer: „Bulgarien" von Dumont 2011
Kartenmaterial: Ungarn, Serbien, Bulgarien von Freytag & Berndt. Die topografische Übereinstimmung ist minimal. Auf die Garmins war mehr Verlass.

Papiere: Reisepass, Kfz – Schein, Führerschein, GRÜNE VERSICHERUNGSKARTE!! Wir mussten sie immer bei den Grenzübergängen vorzeigen. Einen Schutzbrief abzuschließen ist sehr zu empfehlen!

Achtung! Im Kosovo gilt die grüne Versicherungskarte nicht! Kaum zu glauben als Euroland, aber man muss eine gesonderte Versicherung für das Motorrad abschließen. Kostet die preiswerteste 15 Euro pro Motorrad und gilt 15 Tage.

Das Fotografieren des Grenzübergangs zum Kosovo ist nicht erlaubt!
George musste seine Bilder von der Kamera löschen. Vielleicht wollte sich der Beamte auch nur wichtig machen.

Freitag, 29.05.2015. Start in die Stadt der drei Flüsse: Passau – von Marbie.

Wir kommen erst gegen 12:45 Uhr los und fahren die Landstraße nach Hanau, danach die Autobahnen A66 und A3 Richtung Würzburg. Zahlreiche Baustellen machen auch die Autobahn zur Herausforderung, vor allem, weil es wegen eines liegengebliebenen LKWs auch noch einspurig wird. Mir tut die linke Hand vom Kuppeln schon so weh, dass ich weitere Manöver vermeide und mich anstelle.

Ein Auto vor mir bietet eine überraschende Abwechslung: An der Stoßstange baumelt ein mit Sackleinen verhüllter Gegenstand, der zwei Kugeln ähnlich der männlichen Fortpflanzungsorgane enthält. Bei jedem Anfahren schaukeln diese anmutig hin und her und bringen mich zum Schmunzeln. Ideen haben die Menschen!

In Passau suchen wir in der Altstadt eine Unterkunft im zweistelligen Preisbereich. Ich finde eine, die eine Unterstellmöglichkeit für die Motos bietet, aber dazu müssen wir durch die Fußgängerzone und durch eine schmiedeeiserne Tür fahren. Den richtigen Linksdrall finde ich nicht sofort und muss etwas zurück auf dem Kopfsteinpflaster, leider bergauf. Der Wirt will mir helfen und schiebt die BMW, während ich versuche, rückwärts zu paddeln. Das kann ja nichts werden!

Georg steigt ab und zieht an meinem Heck. Die Durchfahrt ist ähnlich wie in Meknes in der Altstadt auf der Suche nach dem Riad: So eng, dass mit Koffer nichts gegangen wäre. Gut, dass ich den Koffern abgeschworen habe.

Das Hotel „Zum Blauen Bock" liegt direkt an der Donau. Passau ist die Stadt, in der drei Flüsse zusammen fließen: Der Inn und die Iltz fließen in die Donau. Warum Flüsse manchmal männlich und oft auch weiblich sind, will sich mir nicht erschließen.

Das Zimmer ist einfach, aber gut, kostet 80 Euro mit Frühstück. Der Wirt erzählt uns, dass 2013 dieses Zimmer eine Woche lang unter Wasser stand! Und es ist im ersten Stock. Die Passauer dürften nicht zimperlich sein.

Freitag, 29.05.2015: Hessen goes Balkan - von George.

Gegen Mittag geht es los. Wir sind nicht einmal 10 km gefahren, da fällt mir auf, dass ich die Action Kamera vergessen habe. Also noch mal zurück, Kamera gepackt und jetzt richtig los. Das Wetter ist bewölkt, etwa 18 °C, ab und zu leichter Regen. Also soweit in Ordnung. Zum Einrollen geht es über Landstraße bis Hanau und dann ab auf die Bahn. A66 und A45 bis Aschaffenburg, dann die A3 bis Passau. Rund um Würzburg sind einige lange Baustellen mit entsprechendem Stau. In einer Baustelle ist zu allem Übel auch noch ein LKW liegengeblieben, es geht einspurig ein ganzes Stück nur im Stop and Go. Wir schlängeln uns, soweit es geht durch die Blechlawine durch.

Hinter Nürnberg wird das Wetter besser. Oft schaut die Sonne zwischen den Wolken durch. Wir werden jetzt vom Regen verschont und die Temperatur steigt leicht an.

Gegen 18 Uhr erreichen wir Passau, finden schnell ein akzeptables Hotel. Wir schlendern noch etwas durch die schöne Altstadt, sind leicht erstaunt über die Hochwassermarke von 2013 – das war schon gewaltig. Für die Betroffenen natürlich ärgerlich und mit viel Arbeit und Verlusten verbunden.

Zufrieden fallen wir dann ins Bett und freuen uns auf die morgige Fahrt. Mal sehen, wie weit wir es schaffen.

Samstag, 30.01.2015 von Marbie. Jeder Sturz ist eine Schande – für die Straße!

Das Wetter ist trocken, nur etwas windig. Um 09:30 Uhr kommen wir los, durch das schmiedeeiserne und schmale Tor auf die Uferstraße an die Donau. George hat im Garmin als Ziel den Plattensee in Ungarn eingegeben. Bis dahin sind es 560 km, na, das wird sicher heute nichts.

Autobahnen sind ab jetzt tabu. Zum Glück. Bis zum frühen Nachmittag bleibt es trocken und sonnig, ich öffne sogar die Lüftungsschlitze an meiner Jacke. Dann verdunkelt sich der Himmel. Wir durchfahren mehrere heftige Schauer, es kühlt deutlich ab. Auf 1100 m Höhe wird es empfindlich kalt und ich ziehe meine Fleece Jacke wieder an. Die neuen Sommerhandschuhe verursachen durch Faltenwurf ziemliche Blasen an den Handflächen, so dass George mir seine Handschuhe ausleiht.

Der Garmin von George hat schöne Strecken durch Österreich ausgesucht: Wir fahren sowohl auf Bundesstraßen mit zügigem Fortkommen als auch auf kleinen Nebensträßchen durch Schluchten: Die Felswände ragen mit 150 Metern imposant empor. Schade, dass das Wetter so zu wünschen übrig lässt, da lohnt sich ein Stopp für Fotos nicht.

In einer übersichtlichen 180 Grad Linkskurve schmeißt es mich völlig überraschend hin.

Nichts war auf der Straße zu sehen, ich bin gerade mal 60 km/h gefahren! Der Lenker bewegt sich abrupt nach links, das Hinterrad schmiert nach rechts weg und ich liege auf der Straße. Ich fühle und höre etwas knacken. Mein Oberschenkel? Nein, der Hüftprotektor in der Hose. Es ist alles so schnell gegangen, dass ich mich fassungslos frage, wieso ich hier gelandet bin. Bitumen? Nein, da war nichts. Wieso rutschte ich mit dem Vorderrad weg? Ohne lange zu überlegen, und vom Adrenalinschub gesteuert, rappele ich mich hoch, in Sorge, dass ein Auto kommen könnte.

Die BMW hat sich einmal gedreht und liegt hinter mir auf ihrer linken Seite. Ich humpele zu meiner Maschine, mein linkes Bein will mir nicht so gehorchen, aber Schmerzen spüre ich keine. Der Urlaub ist zu Ende, bevor er überhaupt richtig begonnen hat. Der Motor läuft noch, ich drehe den Zündschlüssel und stelle ihn ab. Der Lenker zeigt nach rechts, zum Aufheben quasi ideal, aber weiter komme ich in meinen Überlegungen nicht, denn hochheben kann ich sie nicht, bin froh, dass ich wohl nichts gebrochen habe.

Georg hat das scheußliche Schredder Geräusch gehört und wendet. Ungläubig, wie man in dieser Kurve stürzen kann. Ich suche nach Bitumen, keiner zu sehen. (Letztes Jahr war ich auf einem ausgedehnten Bitumenstück bei Bad Mergentheim gestürzt und brach mir das rechte Schlüsselbein).

Was ist es dieses Mal? Georg hebt mit mir die Maschine hoch und schiebt sie an die Seite. Besorgte Autofahrer halten an und fragen, ob alles in Ordnung ist. Der eine will mich mit dem Satz wohl trösten: „Ich habe auch ein Motorrad."

George entdeckt rechts neben dem Mittelstreifen eine glatte Stelle, die etwa 50 cm breit ist. Gleichzeitig höre ich bei einem vorbeifahrenden PKW die Hinterreifen durchdrehen, irgendwie und irgendwas ist hier glatt!

George untersucht die Maschine: Außer Spiegel verdreht und das linke Lenkerende zerschrammt, ist nichts an Schäden zu erkennen. Mein linkes Bein schmerzt an der Hüfte jetzt gehörig und beim Aufsteigen wird es beschwerlich, weil ich keinen sicheren Stand habe. Ich schaukele wie ein besoffener Schmetterling mit 50 km/h durch die Landschaft und winke die Autofahrer vorbei.

Die tun mir echt leid. George tut mir auch leid, für den Schreck, den er erleiden musste. Jeder Sturz ist eine Schande und ich bedaure meine geschändete Hüfte.

Also – heute ist es echt gelaufen. Wir suchen einen Gasthof und finden diesen eine halbe Stunde später in Kirchberg. Dort ist gerade ein Bikertreffen mit Maschinensegnung. Na – vielleicht hilft das gegen Rutscher?

Samstag, 30.05.2015: Passau - Kirchberg (Wechsel) von George.

Morgens scheint die Sonne, es ist angenehm warm. Wir bepacken die Motos und werden dabei interessiert vom Wirt und anderen Hotelgästen „begleitet". Dann noch die bepackten Motos durch den engen Hoteleingang schieben und es geht los. Es dauert noch etwas, bis ich den 'richtigen' Einstieg in die Route des Garmin gefunden habe. Aber dann machen wir Meter.

Wir fahren zunächst durch eine idyllische, mit Feldern und lichten Wäldern geprägte Gegend bis Schärding, wo wir heute zum ersten aber nicht zum letzten Mal die Donau überqueren. Dann geht es über Bundesstraßen bis Engelhartszell, wo wir wieder auf die Donau stoßen. Dieser folgen wir jetzt flussaufwärts bis zur Donauwende bei Schlögen. Es ist eine liebliche, hügelige Gegend. Geprägt von der Donau.

Von hier aus geht es über die B130 quer durchs Land bis Ottensheim. Wobei wir bei Hartkirchen noch einmal die Donau überqueren. Ab Ottensheim folgen wir der B 127 und der Donau bis Linz. Es ist eine schöne, gebirgige Gegend, alles ist grün, ab und zu lässt sich ein kleiner Fluss sehen und die meiste Zeit lugt die Sonne zwischen den Wolken hervor. So könnte es gerne bleiben.

Von Linz aus geht es über die B 3 auch weiter die Donau entlang, bis wir bei Heinrichsbrunn die B3 verlassen, die Uferseite wechseln und dann über Pyburg auf kleine Landstraßen wechseln. Zunächst geht es auch hier überwiegend parallel zur Donau. Die Straße bietet aber schon deutlich mehr Kurven als die Bundesstraßen vorher. Dafür ziehen sich die Wolken deutlich weiter zu und blenden die Sonne damit aus.

Ab Oed geht es mehr oder weniger parallel zur A1 bis Amstetten, wo wir wieder auf kleine, kurvenreiche Landstraßen wechseln. In Purgstall an der Erlauf wechseln wir noch mal kurz auf die B25 / 28, die auch schön zu fahren sind. Ab Sankt Anton an der Jeßnitz kommt dann der schönste Teil des heutigen Tages. Durch eine enge Schlucht geht es bergab. Hier kommt wahrscheinlich auch bei klarem Himmel nicht viel Sonne an.

Enge Kurven, steile Felsen, so geht es immer bergab, bis wir bei Wohlfahrtsschlag die B28 erreichen. Die sich zwar breiter, aber ansonsten genauso kurvenreich hier durch die Berge zieht. Leider ziehen sich auch die Wolken komplett zu, und bald fängt es an zu regnen. Schade! Trotzdem genießen wir die kurvenreichen Straßen (B 28 und B 20) und fahren beschwingt bis Mariazell, wo wir auf die B 21 wechseln.

Die führt uns, jetzt nicht mehr ganz so kurvenreich, dafür schön in den Alpen gelegen, bis Terz. Wo wir auf der B 23 weiter fahren bis Mürzzuschlag. Wieder eine äußerst spaßige,

kurvenreiche Straße, die sich durch die imposanten Berge zieht. Dann wechseln wir auf die
B 306, die uns ähnlich kurvenreich weiterführt.

Bei Weißenbach biegen wir dann auf die L 134. Eine kurvenreiche Landstraße, die uns bis Olbersdorf und weiter Richtung Ungarn bringen soll. Ich glaube schon daran, dass wir heute noch die ungarische Grenze erreichen, **da plötzlich reißt mich ein metallisches Kreischen aus meinen Träumen.**

Ein schneller Blick in den Spiegel und, oh Schreck, die Wespe liegt quer auf der Straße und Marbie krabbelt gerade mühsam nach oben. Schnell halten vorbei- kommende Autofahrer an, doch Marbie und ich haben schon die Wespe aufgehoben und an den Rand geschoben.

Kurze Bestandsaufnahme: Außer Prellungen scheint Marbie in Ordnung zu sein. An der Wespe ist lediglich der Spiegel lose, und ein paar Kratzer am linken Lenkerende. Gott sei Dank ist alles gut gegangen. Nur Marbies Selbstvertrauen ist arg lädiert. Trotzdem geht es nach kurzer Pause weiter. Aber nur noch bis zum nächsten Hotel. Das finden wir dann in Kirchberg an der Wechsel. Jetzt ein paar wirklich gute örtliche Beruhigungsbiere, dann geht es uns wieder besser.

Strecke Tag 2: 344 km

Sonntag, 31.05.2015:
Kirchberg (Wechsel) - Tihany (Balaton/Plattensee) - von George.

Nachdem wir gestern am späten Abend noch mit Ruedi und Suzanna telefoniert haben – die zwei sind in der Türkei – kurze Planänderung. Wir fahren heute nur bis zum Balaton (Plattensee) und dann morgen bis zum Donaudurchbruch (auch: Eisernes Tor) bei Orsova (Grenze Rumänien – Serbien), das kommt Marbie auch sehr gelegen. Schließlich muss sie sich noch vom gestrigen Stunt erholen.

Morgens ist es zwar noch schwer bewölkt aber immerhin trocken. Wir starten langsam, es gilt erst verlorenes Vertrauen zurückzugewinnen. Es geht zunächst über die Landstraße in sanften Kurven durch eine liebliche Gegend bis Feistritz. Übrigens größtenteils jetzt bergab. In Feistritz gelangen wir auf die B 54, der wir ein kurzes Stück bis Grimmenstein folgen.

Jetzt geht es in die „Bucklige Welt", wie die Österreicher die Gegend hier nennen. Wir fahren weiter über sanft geschwungenen Kurven über die B 55 bis zur ungarischen Grenze. Die Berge ziehen sich immer mehr zurück, dafür schaut immer öfter die Sonne zwischen den Wolken hervor. Die Straßen sind trocken und griffig bei gutem, glattem Asphalt. Die Landschaft wird immer lieblicher.

Hinter der Grenze wird die Straße dann deutlich schlechter – fast wie unsere vernachlässigten Straßen in „Good Old Germoney".

Jetzt geht es überwiegend flach durch eine grüne Ebene. Wälder, Wiesen, Flüsse, Seen und Weiher säumen die Straßen. Es herrscht nicht viel Verkehr. Ab und zu durchfahren wir kleinere Dörfer, viel seltener auch mal eine Stadt. So geht es über die 87 bis Kam, dann auf die 8 bis Duka und weiter auf die 84. Die Landschaft ändert sich eher nicht, das Wetter wird noch etwas besser. In Sümeg machen wir eine kurze Pause, dann geht es über Landstraßen weiter über Tapolca bis Zanka, wo wir auf die Uferstraße des Balaton stoßen.

Sümeg, das sei noch erwähnt, hat eine schöne Burg, die hoch über der Stadt malerisch auf einem Hügel thront. Hinter Sümeg wird es auch etwas hügeliger, damit auch Kurviger. Rechts und links neben der Straße sind oft Wein- oder Obstfelder, Störche brüten in den Dörfern. Es ist schön hier.

Wir folgen der Uferstraße noch bis Tihany, das sind sowohl die Stadt hier wie auch die Halbinsel. Hier nehmen wir ein schönes Hotel und machen am frühen Nachmittag erst mal „Siesta".

Sonntag, 31.05.2015. Nach Ungarn zum Plattensee - von Marbie.

Die Nacht habe ich nicht gut geschlafen, jede Drehung im Bett ließ mich trotz Schmerztabletten leise kieksen. Dafür ist am Morgen das Wetter gut, es gibt trockene Straßenverhältnisse und angenehme Temperaturen. George fährt sehr zivil mit 80 km/h vor. Ich versuche beständig, mit tiefem Durchatmen und hängender Unterlippe die Erinnerung an gestern Nachmittag zur Seite zu schieben.

Allmählich geht es besser. Nur beim Absteigen kann ich mich für keine Seite entscheiden. Auf das linke Bein stellen muss geplant werden. Ich denke, das wird ein fetter Bluterguss im Hüftmuskel. Der Protektor ist in der Mitte gebrochen. Also hat er seine Dienste erfüllt.

Wir fahren Richtung Plattensee und wollen auf die Halbinsel in der Ortschaft Tihany. Wir nehmen ein Hotel etwas höher vom See gelegen, am Ufer ist uns zu viel Rummel und auf ein Clubhotel legen wir keinen Wert.

Wie sich herausstellt, eine gute Wahl. Das Zimmer ist groß und hat eine kleine Terrasse. Hier lohnt es sich, die Elektro-Espressokanne anzuwerfen und einen Kaffee zu trinken, der an Urlaub erinnert und null Termindruck hat. George telefoniert mit seinem Freund Ruedi, der mit Susanna in Istanbul auf dem Rückweg von der Türkei gen Schweiz fährt. Wir verabreden, uns im nördlichen Bulgarien zu treffen: in Belogradzik mit seiner bizarren Felsenlandschaft.

Beim Abendessen auf der Terrasse des Hotelrestaurants bemerkt George eine kleine Echse, die wir mangels besserem Wissen den Balaton Salamander nennen. Er ist gute 20 Zentimeter lang, hellgrün und am Kopf Türkis und Gelb. Beim Fotografieren dieses ungarischen Minikrokodils lernen wir ein sympathisches Ehepaar aus den Niederlanden am Nebentisch kennen. Die Dame fotografiert mit mir um die Wette die kleine Echse, die irgendwann blitzschnell hinter einem Sofa verschwindet.

Ich traue mich sogar, die beiden nach der Umrechnung der Währung von Forinth in Euro zu fragen, wir seien heute erst angekommen. 100 Forinth entsprechen etwa 30 Cent.

Wir essen sehr gut zu Abend, und das Allerbeste: Hier gibt es Weißbier und der Kellner kann Deutsch.

Montag, 01.06.2015. Nach Serbien – von Marbie.

Wir fahren Ruedi und Susanna entgegen. Da Susanna nicht in ein Kloster(hotel) möchte, hat George die Route geändert. Den Donaudurchbruch in Rumänien werden wir nicht sehen, aber bizarre Felsformationen in Belogradcik.

Heute müssen wir mindestens 350 km fahren, besser 450 – sonst wird es eng. Ups. Das ist mir eigentlich zu viel, mir tun noch immer alle Knochen weh, sogar Muskelkater im Bauch habe ich. Oder kommt das von dem Sturz?

Ungarn ist ziemlich flach und es geht ziemlich geradeaus auf gut ausgebauten Bundesstraßen, also nichts wirklich Spektakuläres. Wir kommen gut voran. Es ist warm und an einer Tankstelle befreie ich mich vom Futter aus der Motorradhose. Puh – das wurde Zeit!

Der Grenzübergang hinter Tompa von Ungarn nach Serbien gestaltet sich problemlos. Grenzübergänge sind wir Deutschen bei unseren Nachbarländern nicht mehr wirklich gewohnt. Georg zieht jedoch noch nicht mal seinen Helm ab! Bei der serbischen Passkontrolle wird schon etwas mehr gefragt, auf Englisch will die Beamtin wissen, wie lange wir in Serbien bleiben wollen. Wir bekommen Stempel in die Pässe, sie will keinen Kfz Schein sehen und nimmt die grüne

Versicherungskarte nur zur Kenntnis. Ich weiß nämlich gar nicht, ob ich Serbien mit aufgenommen habe. Also auch gut.

Es geht weiter – wer hätte es gedacht? Immer noch geradeaus in flacher baumloser Landschaft. Selbst Anhalten macht hier keinen Spaß, nirgends Schatten.

Dann werden die Straßenverhältnisse zu Buckelpisten. Kunstvoll geflickter Asphalt, einmal auf der rechten Seite ca. 50 cm hohe Verwerfungen. Es kommen die ersten Hügel in Sicht und damit die Aussicht auf eine reizvollere Strecke mit Kurven. Außer dem Gehoppel auf den Buckeln weht noch ein satter Wind, der allerdings keine Abkühlung bringt. Mir gelingt es mal wieder nicht, einen Wagen zu überholen mit meinen mickrigen 50 PS, das macht mich echt wütend. Was gäbe ich jetzt für 20 PS und einen Zylinder mehr.

Nachmittags um 17:00 Uhr kann ich die Augen nicht mehr offen halten. Ich brauche Pause. Marbie hat nämlich keine Lust mehr auf Motorradfahren. In einem kleinen Ort halten wir vor einem Fabrikgebäude mit großem Vordach, sonst gibt es keinen Schatten. Ich lege mich auf die Mauer und döse etwas vor mich hin. Die Gabe, zu jeder Zeit ein Minutenschläfchen halten zu können, lässt mich auch Gewalttouren überstehen. Lange hält die Ruhe nicht, ein LKW bremst, setzt zurück und der Fahrer steigt aus. Georg steht mit der Landkarte vor dem Gebäude und der Fahrer dachte, er braucht Hilfe.

„**Serbien is difficult. May I help you?**"

George lehnt dankend ab. So was! Es geht noch weiter mit Hilfeangeboten: Gegenüber beobachtet uns ein kleiner Junge, fünf oder sechs Jahre alt. Sein Großvater fährt den Wagen gerade in seinen Hof.

Auch er kommt auf uns zu und bietet an, dass wir doch hereinkommen, um Gesicht und Hände zu waschen. Ist das zu glauben? Aber auch das Angebot lehnen wir ab, wahrscheinlich gäbe es noch Kaffee und Gespräche in einer Sprache, die wir nicht verstehen. Kann sich so etwas jemand in Deutschland vorstellen?? Und die Frage, die sich mir aufdrängt: Wie konnte dieses Land einen so furchtbaren Krieg anzetteln?

In Kovacica finden wir schnell ein Hotel. Ein Erholungszentrum mit Sportanlage bietet Hotelzimmer in Bungalows an. Das Zimmer ist groß und hat sogar eine kleine Küche.

Beim Essen im Restaurant bestelle ich mir einen Hamburger. Nun hat ja jeder eine Vorstellung von einem Hamburger: Brötchen, dazwischen Salat, Tomaten und eine platte Frikadelle. Hier ist es umgekehrt: Was sonst zwischen Brötchen und platter Frikadelle pappt, ist *in* diesem Hamburger: Paprika, Schinken, Tomaten und Käse. Garniert mit fettigen Pommes.

Dieser Hamburger hat das stolze Gewicht von 240 g und ist ziemlich gewöhnungsbedürftig. Brot gibt es nicht, das hätten wir extra bestellen müssen. So what, schmeckt gut, auch das Bier.

Beim Ausziehen bemerkt George meinen riesigen Bluterguss an der linken Hüfte.

Montag, 01.06.2015: Tihany (Balaton) nach Kovacica – von George.

Das Hotel (Hotel Adler) war gut. Gestern, beim Abendessen wuselte eine große Eidechse - grün, mit türkis-gelben Hals – an uns vorbei. Richtig schön. Dazu ein nettes Gespräch mit einem niederländischen Paar.

Heute Morgen war es dann schon richtig warm. Schon beim Packen läuft mir der Schweiß über den Körper. Also schnell ab in den kühlenden Fahrtwind. Es geht weiter über die 71 am Balaton entlang. Die Luft duftet herrlich nach Wasser, Gras und Kräutern. Nur der relativ dichte Verkehr trübt den Spaß etwas. So umfahren wir den nördlichen Teil des Plattensees auf der 71 und der 710, um dann den Südosten Ungarns zu durchfahren. Es geht überwiegend geradeaus, durch landwirtschaftlich geprägtes Land.

Der Blick schweift weit über die Ebene, ab und zu ein lang gezogenes Dorf, noch seltener eine überfüllte Stadt mit entsprechendem Verkehr. Öfters sind Störche in ihren Nestern auf den Strommasten zu sehen. Dort, wo wir die Transitstrecken nutzen oder kreuzen, sind entsprechend viele LKWs unterwegs. Ansonsten gilt: Je weiter wir Richtung Südost kommen, desto spärlicher wird der Verkehr.

Wobei hier deutlich mehr Lkws unterwegs sind als alle anderen Verkehrsmittel. Motorradfahrer kommen uns den ganzen Tag maximal eine Hand voll entgegen. Dafür sehen wir einige Pferdegespanne. Insgesamt erinnert dieser Teil von Ungarn und noch viel mehr Serbien später an unseren Urlaub in Rumänien in 2012. Nur alles nicht so ausgeprägt. Die Straßen sind nicht so schlecht, die LKW-Fahrer nicht ganz so brutal, der Verkehr nicht ganz so schnell, dafür die Menschen genauso freundlich.

Abb. 2 Kombibrücke für Auto und Züge

Es ist heiß und es geht überwiegend geradeaus. So erreichen wir über Enying, Simontornya, Eloszallas, Dunaföldvar, Kiskörös und Tompa die Grenze nach Serbien.

Der Grenzübergang klappt bestens. Wir brauchen nicht mal die Helme abzunehmen.

Ein kurzer Blick in die Papiere, die Frage wohin und wie lange wir im Land (Bulgaria and one Night) bleiben, und schon sind wir in Serbien.

Hier ändert sich im Grunde nichts. Die Häuser am Straßenrand sind vielleicht etwas besser, die Temperatur ist noch etwas gestiegen. Aber ansonsten verläuft die Strecke wieder überwiegend geradeaus durch landwirtschaftlich genutzte Landschaft über eine weite Ebene. So ähnlich stelle ich mir die USA vor.

Ellenlang geradeaus, wenig Verkehr, wenige Dörfer, die wenigen Städte überlaufen. Die Infrastruktur ist gut. Bei den wenigen Pausen kommen wir immer wieder ins Gespräch mit den Serben. Schön. So geht es über Kelebija, Backa Topola, Becej und Melenci bis Zrenjanin. Hier wechseln wir auf die M24. Die ist dann wirklich lustig. Schlechter Straßenzustand, dafür etwas mehr Kurven. In Orlovat eine Brücke, die sowohl Bahngleis wie auch Straße auf einer Fahrspur über den Fluss Tamis vereint.

Dahinter eine dicke Schlange auf der Straße – leider platt! Ja, so stelle ich mir Urlaub vor. Wir fahren bis Kovacica auf der M 24, dort nehmen wir ein Hotel. Es findet gerade ein Schul-, Sport- oder Kinderfest statt. Entsprechend lebendig ist die Stimmung. Wir fühlen uns wohl, sind aber sehr müde. Essen, Trinken, ab ins Bett.

Dienstag, 02.06.2015.
Nach Belogradchik/Bulgarien – von Marbie.

Abb. 3 Felsformationen in Belogradchik, Blick aus dem Hotel

Morgens die Ketten noch geschmiert, danach beide Dosen leer. Mist. Jetzt müssen wir noch nach Kettenspray suchen. Das ist nach unseren Erfahrungen im Ausland nicht immer so einfach.

Bis zum Grenzübergang bei Vraska cuka, in der Nähe von Zajecar, sind es ca. 280 km. Keine Wolke am Himmel. Brüllend warm. Der Navi zeigt die Ankunftszeit um 17:45 Uhr an, das sind ja 8 Stunden?!
Irgendwann dämmert mir, dass Bulgariens Sommerzeit nochmals eine Stunde mehr bedeutet. Zum Glück.

Die Straße ist wieder eine Buckelpiste. Ich kann nicht schneller als 60 km/h fahren, Georg ist etwas flotter unterwegs. Bei einer Rast schiebt er die BMW etwas an die Seite, als mir das Geräusch von der Kette auffällt: Der Kettenschutz hat eine Schraube weniger und reibt sich am oberen Kettenlauf. Wozu gibt es Kabelbinder? George hat es schnell repariert.

Mein Abblendlicht funktioniert auch nicht mehr, aber so lange das Fernlicht noch strahlt, wird nicht herum geschraubt. Ich denke mit Grausen noch an den qualmenden Lampenreflektor in Marokko (2013).

Abb. 4 Reparatur mit Kabelbinder

Tatsächlich landen wir um 18:00 Uhr in Belogradzik. Susanna steht am Kreisverkehr und schaut nach unseren Motorrädern, die beiden sind auch gerade eingetroffen. Lautstarke Begrüßung im Zentrum vor dem Bistro. Ein 4-Sterne-Hotel ist direkt gegenüber und bietet eine Superaussicht auf die Felsenlandschaft. Das gönnen wir uns heute. Für 70 Euro das Doppelzimmer mit Minibar und Balkon, das eigentlich eine kleine Wohnung darstellt, ist das noch nicht mal zu viel Geld.

George und ich haben mit der Urlaubskasse ein einfaches Verfahren: Hotel und Essen werden abwechselnd von uns übernommen. Heute bin ich mit Unterkunft dran, die Maxime lautet, wenn möglich im zweistelligen Bereich bleiben. In den Hotels, bei denen ich mit Bezahlen an der Reihe bin, schläft George besser, meint er scherzhaft. Beim Tanken halten wir es auch so. Über die richtige Reihenfolge wache ich.

Der Abend wird etwas länger: Gegen 02:30 Uhr Ortszeit fallen wir alle in unsere Betten und nehmen den Luxus dieses Zimmer eigentlich nicht mehr wahr.

Dienstag, 02.06.2015: Kovacica – Belogradchik von George.

Morgens empfängt uns bereits strahlend blauer Himmel. Es ist jetzt schon wärmer als gestern. Wir starten auf der M24. Es geht zunächst wieder fast immer geradeaus. Ebenfalls wie gestern durch überwiegend landwirt- schaftlich genutztes Gelände.

Auf den großen Straßen wieder mehr LKWs als PKWs, ab und zu ein Traktor, ein Pferdegespann oder Radfahrer und ansonsten nicht viel los. Wir haben uns mit Suzanna und Ruedi heute Abend in Belogradchik verabredet, also kleine Routenänderung. Wir fahren nicht zum „Eisernen Tor" und Rumänien sondern gleich nach Bulgarien.

Über die M24 geht es bis Pozarevac, dann biegen wir ab auf die R-107. Jetzt wird es noch etwas ländlicher, Störche brüten in den wenigen Dörfern, der Verkehr nimmt noch einmal merklich ab. Die Streckenführung aber bleibt: überwiegend geradeaus. Das ändert sich zunächst auch nicht, als wir bei Veliko Selo auf die R 105 abbiegen.

Dieser folgen wir über Petrovac bis Bor. Allerdings wird es auf der R 105 ab Setonje richtig klasse. Kurvenreich windet sich die Straße den Fluss Mlava entlang durch jetzt langsam ansteigende Berge. Der Balkan grüßt bereits in der Ferne. Bei der Stadt Mlava hört der Kurvenspaß wieder auf, die R 105 folgt jetzt wieder dem bewährten serbischen Straßenmuster – überwiegend geradeaus. Wir machen an einer Freizeitanlage noch eine Rast. Jetzt rückt der Balkan schon richtig nahe.

Hinter Zagubica setzt sich das Gebirge dann doch noch durch und zwingt die Straße in zahlreiche, enge wie weite, Kurven. Allerdings ist die Straßenoberfläche jetzt relativ schlecht und glänzt mit Löchern, Aufwürfen und Splitt. **Bei Bor biegen wir zunächst auf die R-106 und dann auf die E 771 nach Zajecar** und dort auf die E 761 in Richtung Grenzübergang Bulgarien. Die Einreise nach Bulgarien geht dann zügig über die Bühne, ein flüchtiger Blick in den Pass, ein paar scherzhafte Bemerkungen der Grenzbeamten und schon sind wir in Bulgaria.

Kurz hinter der Grenze biegen wir bereits ab auf kleine, weiße Sträßchen. Der Straßenverlauf ist kurvig, die Straßenoberfläche sehr schlecht. Auch hier überwiegt landwirtschaftliche Nutzung, wir befinden uns aber ganz klar in den Bergen mit entsprechend schroffem Umfeld. Es ist glühend heiß. Die Dörfer und Menschen hier wirken schon sehr arm.

Wir fahren über Kireevo, Rakovitsa, Podgore und Oshane bis Belogradchik. Besonders die letzten Kilometer mit Blick auf Belogradchik und die Felsformationen sind schon gewaltig.

In Belogradchik stoßen wir fast sofort auf Suzanna und Ruedi, die auch gerade angekommen sind. Wir trinken einen Schwepps Willkommenstrunk, unterhalten uns mit Einheimischen im Bistro über unser Reiseziel. Wie man in Bulgarien denn überhaupt Urlaub machen kann, fragt einer. So schön sei es hier ja nicht.
Ruedi antwortet unbekümmert, dass er als Schweizer in der Schweiz auch nie Urlaub macht.
  Wir beziehen das beste Hotel am Ort, spazieren noch etwas durch die Stadt und bestaunen die Felsformationen, bevor es ans Abendessen mit entsprechendem Bier- und Weinkonsum geht.
Gegen 2:30 Uhr Ortszeit fallen wir dann müde und zufrieden ins Bett.

Strecke Tag 5: 315 km

Mittwoch, 03.06.2015: Belogradchik – Vratsa von George.

Das Aufstehen fällt nicht leicht heute Morgen. Nach dem Frühstück verabschieden wir uns von Ruedi und Suzanna. Anschließend noch schnell tanken, dann geht es los. Die Abfahrt aus Belogradchik ist wirklich fein, kurvenreich, noch einmal schönste Blicke auf die skurrilen Felsformationen, echt gut!

So fahren wir über die wirklich reizvolle 102 bis Gavril Genovo, wo wir auf die 815 abbiegen. Die uns ebenso ansprechend bis Borovtsi bringt. Ab hier geht es auf der 81 weiter. Jetzt nicht mehr so kurvenreich. Langweilig wird es trotzdem nicht. Die Straßen sind doch in recht schlechtem Zustand. Löcher und Rollsplitt „würzen" das Motorradfahrerleben, dazu kommen die doch interessanten Ausblicke.

Kleine Dörfer, Wald, Wiesen, Flüsse und Weiher und ein recht interessantes Tierleben auf der Straße. Große Eidechsen, Schlangen, Wildschweine – alle genannten Tiere meist platt gefahren – Raubvögel, Störche und sonstiges fliegendes „Viehzeuch". Wir verlassen die 81 in Berkovitsa und fahren zum Kloster „Klisurski". Hier wollen wir eigentlich übernachten. Doch entweder „lügt" unser Reiseführer (eher unwahrscheinlich) oder unsere maximal rudimentären Sprachkenntnisse reichen nicht aus, auf jeden Fall bekommen wir kein Zimmer.

Nach kurzer Erfrischung im vor dem Kloster gelegenen Restaurant geht es eben weiter. Wir fahren auf die 812 bis Varhets und ab da auf die 162 bis Beli Izvor. Auch dies ist wieder ein interessantes Stück Straße, was uns durch die diese wunderbare Balkan Landschaft führt. Dann geht es für wenige Kilometer auf die gut ausgebaute und gut befahrene 1 bis Vratsa.

Hier beziehen wir das im Reiseführer erwähnte Hotel „Chayka". Anschließend wandern wir noch durch die Stadt, genießen die Blicke auf die umgebenden steilen Felsen, erstehen Kettenfett in einem Autozubehörladen ohne Sprachkenntnisse („motobike Bsss- Krrr" mit kreisendem Zeigefinger) und beschließen den Tag.

Mittwoch, 03.0.2015. In den Naturpark Vracanski Balkan – von Marbie.

Wir wollen heute zum Klisurski Kloster, welches sogar ein Hotel hat. Überschwängliche Verabschiedung bei schon sehr warmen Temperaturen um 10:30 Uhr Ortszeit. Susanna und Ruedi müssen Richtung Heimat - in die Schweiz. Unser Urlaub geht jetzt richtig los. Für mich beginnt das Urlaubsgefühl, wenn ich die Arbeit endgültig loslasse und ein Glücksgefühl aufgrund fehlender Termine, Emails und Telefonate aufkommt. Das dauert in der Regel immer so vier bis fünf Tage.

Das Kloster finden wir recht schnell, aber eine Zimmervermietung können wir nicht ausmachen. Der Mönch, der im Garten wandelt, versteht George natürlich nicht und schickt uns in die kleine Kirche. Vielleicht dachte er, wir wollen beten. Die ist schön kühl, bietet natürlich Souvenirs in Form von Ikonen, Kreuzen und sonstigen Glaubensgegenständen. Sehr klar gestaltete Fresken mit Heiligendarstellungen. Die Ordensfrau fängt derweil an, den Teppich am Altar zu fegen.

Nun – ich gehe zum Bistro am Eingang des Klosters und bestelle schon mal einen Kaffee. George gibt nicht auf, aber ein Zimmer findet er nicht. Also überlegen wir, wohin jetzt fahren und ich schlage den Naturpark Vracanski Balkan vor.

Dort wird ein Hotel am Fuße von zahlreichen Felsformationen angeboten: Hotel Alpin in Vratsa.

Die Schreibarten sind je nach Karte oder Reiseführer aber sehr unterschiedlich. Wir sind um 15:30 Uhr dort, das ist wirklich schön, etwas Zeit zum Laufen und zum Schreiben zu haben.

Das Hotel Chaika liegt klasse! Internet: www.chaika.net, lohnt sich! Die Höhle Ledenika liegt noch 16 km entfernt, aber diese werden wir auslassen.

Wir laufen Richtung Stadt, ca. 3 km, am Fluss entlang. Kaum kommen wir in Stadtnähe, wird die Hitze schon unerträglich. Wir brauchen Kettenspray. In einen Autozubehörladen gehen wir schließlich doch hinein: **Dank meiner Intonation von Pssssssss..... Krrrrrrrrrrrrr... und dem Wort „Motobike" sowie gestisch anspruchsvolle Kreisbewegungen meines Zeigefingers** reicht uns einer von den vier Verkäufern das gewünschte Produkt. Es steht ganz verloren hinter einem Deko-Segelschiffchen aus Holz. Unsere Freude ist nicht nur unbeschreiblich, sondern auch ansteckend. Alle vier Verkäufer/innen lachen mit uns.

Weiter geht es in den Supermarkt „Kaufland". Dort werden noch die wichtigen Getränke wie Bier und Wein, Sonnenbrille, Obst, Körperlotion und Kaffee gekauft. Sogar Schöfferhofer haben die im Angebot. Die Preise bei den deutschen Markenprodukten wie Nivea, Schauma Shampoo sind die gleichen wie in Deutschland. Wer hier einkauft, muss schon ein bisschen Geld mitbringen. Wir kaufen nur die einheimischen Produkte und richten uns nach den Bildern. Lesen können wir leider nichts hier.

Im Anschluss ist Essen angesagt. Wir finden einen Chinesen mit Biergarten. Dort essen wir das erste Mal, und für mich war es auch das letzte Mal, einen so genannten „Black & White Salad".

Es sind wohl schwarze und weiße Morcheln in Gummikonsistenz, aber George meint, **dass das der mangalische Seetang direkt aus Rumänien sein muss.** Zurück im Hotel genießen wir den Abend mit dem selbst gekauften Bier. Ein super schöner Tag geht zu Ende.

Donnerstag, 04.06.2015. Zum Nationalpark Zentralbalkan nach Aprilski - von Marbie.

Wieder strahlend blauer Himmel. Wir schlafen ausgiebig bis 09:00 Uhr und werden von dem fremdartigen Vogelgezwitscher geweckt. Entweder liegt es an der erhöhten Aufmerksamkeit und anderer Wahrnehmung bei entspanntem Urlaubsgefühl, oder die Vögel hier unterhalten sich lauter und anders als bei uns. Dazwischen ist sehr lautes Frosch Gequake aus dem hoteleigenen Weiher zu vernehmen.

Abb. 5 Typische Dorfstraße

Wir starten ohne eigentliches Ziel zum Naturpark Zentralbalkan. Das ist der Hauptkamm des Balkangebirges mit dem höchsten Berg Botev (2376m) und der Wetterscheide. Wir fahren durch ein landschaftlich unbeschreiblich schönes Tal. Es ist warm. Die Störche nisten auf ausgedienten Telegrafenmasten und haben als Untermieter geschätzt mindestens 50 Spatzen. Die Jungen lugen neugierig aus dem Nest hervor, doch der Storch wacht sehr aufmerksam auf seine Brut, als wir anhalten und den Nachwuchs fotografieren. Da sich der Storch bedrohlich in unsere Richtung auf- stellt, bleiben wir sicherheitshalber in einiger Entfernung stehen und kommen dem Nest nicht zu nah.

Bei einem Stopp an einer Wasserzapfstelle kommt George in Kontakt mit einem Einheimischen. Leider können wir ihn nicht verstehen, er hat ein paar Brocken Deutsch parat und wird beim Reden immer lauter. Ich zapfe auch etwas Wasser in unsere Trinkflaschen. Die letzte Tankstelle verkaufte nur Aqua dest.

Wir finden das Hotel Panorama (www.panoramabg.info) am Fuß der höchsten Berge im Balkangebirge: Es ist großartig und wir sind wohl die einzigen Gäste. Eine Frau kommt heraus und aus ihrem erstaunten Gesichtsausdruck lese ich etwa das: *Was wollt ihr denn hier?? Wir haben geschlossen!* Aber nein – es ist offen und wir können ein Zimmer haben! Für 48 BGN. Ich bin glücklich. Das Gewitter kommt etwa zwei Stunden nach der Ankunft um 18:00 Uhr so richtig herunter. Von unserem Balkon verfolgen wir die Verdunkelung vor der Sintflut eingeleitet von Hagel. Wahnsinn! Gefolgt von Stromausfall. Nun, dann essen wir bei Candlelight und vermutlich nur Gerichte aus der kalten Küche.

Sofern sie keinen Gasherd besitzen. Der Strom ist nach 30 Minuten wieder da und wir bekommen ein hervor- ragendes Essen: Schweinesteak, Fisch für George unbekannter Gattung, Paprika- und Tomatensalat.

Abb. 6 Blick vom Hotel in Vratsa

Das Gemüse ist hier einfach köstlich, mit unseren Treibhausgewächsen nicht zu vergleichen.

Da wir erneut vergaßen, dass die Beilagen extra bestellt werden müssen, füllen wir die Kohlenhydrate mit Bier auf. Wir bleiben auch die einzigen Gäste.

Donnerstag, 04.06.2015: Vratsa – Apriltsi von George.

Morgen ist es eher noch wärmer als die Tage vorher. Wir fahren nach der schweißtreibenden Packerei gleich los. Es geht erst zurück in die Stadt.

Dabei merken wir: Vratsa ist gar nicht so klein, wie wir dachten. Es ist eine recht große Stadt, die sich um den alten Stadtkern gebildet hat. Wir fahren zunächst auf der 15, bis wir auf die 1306 gelangen. Jetzt wird die Straße wieder interessant. Kurven, Wald, schlechter Belag, wenig Verkehr und wenige kleine Dörfer. Bei Tishevitsa fotografieren wir Störche in ihrem Nest, einfach schön.

In Gabre fahren wir auf die 134 bis Kameno Pole, wo wir auf die 1031 abbiegen. Jetzt geht es wirklich in den Zentralbalkan. Die Straßen werden noch schlechter, es geht bergauf, bergab, in engen und weiten Kehren, für mich schön, für Marbie vielleicht anstrengend. In Roman fahren wir auf die 103. Wieder ein Stück ohne große Kurven und mit relativ gutem Belag.

Dann geht es ein kurzes Stück auf die 4 und dann auf die 305/358 nach Teteven. Die Stadt liegt schön eingebettet in die steilen ´Hänge des Balkangebirges. Wirkt aber trotzdem trostlos. Kurz vor der Stadt zapfen wir Wasser. Dabei kommen wir auch ins Gespräch mit einem bulgarischen „Wandergesellen".

Er erlaubt mir ein Foto, ich biete ihm dafür Geld an. Doch Geld will er nicht, trotz seiner offensichtlichen Armut ist er einfach froh, mit uns reden (allerdings jeder in seiner Sprache) zu können. Ich bin beschämt.

Von Teteven fahren wir dieselbe Strecke zunächst zurück. Dann geht es auf die 4 bis Vahilskovska Mahala, wo wir auf die 402 biegen. Die führt uns kurvenreich vorbei an einem Stausee weiter in den Balkan hinein. Großartige Ausblicke garnieren die Fahrt. Dafür kommen jetzt Wolken auf, die fast unanständige Hitze lässt nach, kurze Zeit später riecht es bereits nach Gewitter. Kurze Lagebesprechung, wir suchen ein Hotel in der Nähe von Apriltsi im Garmin.

Abb. 7 Gewitter im Nationalpark, von unserem Balkon aus gesehen

Jetzt regnet es auch stellenweise. Wir fahren weiter über Debnevo auf die 3505 und dann auf die 607 bis Apriltsi. Der Regen wird heftiger, die Straße ist ganz schön nass. Speziell für Marbie wird das zu einem kleinen Problem.

Glücklicherweise ist bald das Hotel Panorama erreicht. Das bietet wirklich ein unglaubliches Panorama auf die höchsten Gipfel des Balkans. Das jetzt herunter krachende Gewitter macht dieses Erlebnis noch intensiver.

Es schüttet, teilweise kommt sogar starker Hagel herunter, Blitze und gewaltiges Donnergrollen umgeben das Hotel, kurzzeitig fällt hier der Strom aus. Gut, dass wir im Trockenen sitzen.

Wir sind die einzigen Gäste im Hotel, bekommen trotz Stromausfall unser Essen, und gehen zufrieden und mit dem „Panoramablick" ins Bett.

Strecke Tag 7: 232 km

Freitag, 05.06.2015: Apriltsi – Gabrovo von George.

Heute Morgen hat es merklich abgekühlt. Die Berge sind wolkenverhangen, vom Panoramablick ist nicht mehr viel übrig. Als wir starten, setzt leichter Regen ein. Wir fahren über kleine Landstraßen durch verschlafene Bauerndörfer. Laut Reisehandbuch eine der schönsten Strecken im Balkan. Leider verhängen tiefe Wolken und immer stärker werdender Regen die wahrscheinlich grandiose Aussicht. So geht es über Boazat und Dushevo zur 44. Für mich ist die Fahrt nur nass, für Marbie eine Qual. Auf der 44 läuft es zwar etwas besser, dafür gibt Petrus jetzt alles und lässt es gewaltig schütten.

    Wir fahren eine Tankstelle an, wo uns der Tankwart in sehr gutem Englisch sehr bedauert. Er fährt selbst Motorrad und weiß, was es heißt, bei diesem Wetter zu fahren. Eigentlich wollten wir heute mindestens bis Elena, aber in Gabrovo hat Marbie die Nase voll. Wir suchen eine Unterkunft und finden auch hier wieder ein Hotel mit Namen Panorama, es liegt hoch über der Stadt. **Hier sind Hotelbetrieb und Schulbetrieb in einem Gebäude,** wahrscheinlich auch in einer Hand. Als die junge Frau an der Rezeption bemerkt, dass wir Deutsche sind, wird kurzerhand die Deutschlehrerin der Schule aus dem Unterricht geholt und zur Rezeption bestellt.

So entwickelt sich sogar noch ein nettes Gespräch, und wir bekommen eine Adresse mit Telefonnummer, falls wir mal „in Not" kommen. Wenn der Regen nachlässt, schauen wir uns die Stadt noch mal an.

Strecke Tag 7: 55 km (Nein, da fehlt keine Ziffer!)

Abb. 8 Plattenbau Charme in Gabrovo

Freitag, 05.06.2015. Nach Gabrovo – von Marbie.

Nun, das Wetter hat sich noch nicht wirklich beruhigt. Die Wolken hängen schwarz und tief über den Bergen, die wir nur erahnen können. Also wird heute wohl nichts mit Sonnenbrille und Sonnencreme.

Ich kann mich nicht für das Vollregenzeug ent- schließen. Ein Fehler, denn nach ein paar Kilometern regnet es sich so richtig ein. An einer Tankstelle (die sind übrigens alle mit Bedienung!) muntert uns der Tankwart mit der Schilderung sämtlicher Motorradfahrten auf seinem Chopper auf und dass das Wetter sich morgen schon wieder bessert. Ich bin nass bis auf die Unterwäsche, weil die Stadlerhose nicht mehr dicht ist. Also nun doch das Vollregenzeug angezogen.

Bis Gabrovo halten meine Nerven gerade noch so durch, dann prasselt der Regen derart heftig, dass dem Wort „Blickführung" eine neue Bedeutung zuteilwird. Ich sehe nichts mehr und weiß auch nicht, wohin ich hinschauen soll. Ich halte an einer Bushaltestelle mitten in der Stadt und schreie George zu: **„Ich habe die Nase voll! Hotel! Jeeetztttt!!"**

George schnappt sich den Reiseführer, ich bestelle zwei Kaffee. In das Lokal hinein trauen wir uns nicht, die müssten nachher sonst grundreinigen. In 500 Metern am Busbahnhof gibt es ein Hotel, aber mitten in der Stadt wollen wir beide nicht.

Also noch 3 Kilometer weiter fahren – wieder mal lockt das Hotel Panorama. Es geht sehr steil bergauf, ich bleibe im ersten Gang und meistere auch die enge Linkskurve, schließlich bin ich durch die harte Kurvenschule auf Madeira gefahren.

Das Gebäude sieht allerdings nicht so vertrauenerweckend aus, ähnelt eher einer Schule. Aber am linken Gebäude entziffern wir „Hotel" auf Kyrillisch. Nun, ich gehe tapfer voraus und frage. Die Dame an der Rezeption spricht etwas Englisch. Die Übernachtung in diesem Schulhotel kostet 30 BGN, also pro Nase umgerechnet 7,50 Euro!?

Das freut mich natürlich, weil ich mit Bezahlen dran bin, aber wie mag es dafür aussehen? Eine weitere Dame kommt hinzu und sie spricht fließend Deutsch! Freudig überrascht strahle ich sie an. Sie ist hier die Deutschlehrerin an der Schule und war im April mit ihrer Schulklasse noch in Dresden.

„Morgen wird das Wetter besser!", tröstet sie mich. „Alle Zimmer sind frisch renoviert."

Das Zimmer ist groß und mit drei Betten ausgestattet. So können wir alles wunderbar zum Trocknen aufhängen. Nach einem Mittagsschläfchen gehen wir in die Stadt hinunter und essen dort die besten Kartoffeln seit Urlaubsbeginn. Statt der fettigen Pommes frites gibt es gekochte Kartoffeln in Knoblauch und Butter geschwenkt, mit frischem Dill bestreut. Die Speisekarte können wir überhaupt nicht lesen und sind auf die Empfehlung des Wirtes angewiesen. Wir entscheiden uns für „Chicken" und den bulgarischen Salat, und wie schon erwähnt, vergessen wir dieses Mal die Sättigungsbeilage nicht.

Als kostenlosen Gruß aus der Küche bekommen wir zwei Dutzend Miesmuscheln! Wir revanchieren uns beim Trinkgeld: Das Ganze mit Getränken kostete 25 BGN,

Abb. 9 Rast in einem Dorf in Bulgarien

George zahlt 30 BGN. **15% Trinkgeld** sind in Bulgarien üblich.

Unser Schulhotel bietet kein Catering, deshalb wird in einem kleinen Lebensmittelladen noch für das Frühstück Brot, Salami, Bananen, Kekse und Wasser für 12 BGN eingekauft. **Bulgarien als Urlaubsland eignet sich wirklich für Low Budget!**

Samstag, 06.06.2015. Nach Kardzali - von Marbie.

Nun ist schon eine Woche des Urlaubs vorbei. Ab jetzt rast die Zeit. Theoretisch befinden wir uns schon auf dem Rückweg. Kurze Tour Besprechung für den Südbalkan. Die Route wird auf meinen Wunsch nochmals geändert. In dieser ist eine weiße Straße enthalten. Das soll ich noch bereuen.

Zunächst sind die Straßen recht übersichtlich und in gutem Zustand, es ist wieder warm. Als wir die 552 verlassen, biegt George nach links in einen Feldweg ab. Was ist das denn? Die weiße Straße??

Mein Navi zeigt auch eine Straße an, also los. Zunächst ist es „nur" eine Schotterstrecke, dann wird es übel: Löcher, Schlamm und Spurrillen. Ich stehe unentschlossen davor: George ist natürlich schon drüber weg. Meine Routenplanung kann sich weder für die rechte noch für die linke Spur entscheiden. Links ist dieser Matsch und bei meinem sprichwörtlichen Glück mit Rutschern ...

George steigt ab und redet beruhigend auf mich ein: "Blick geradeaus, hier lang oder da lang, das funktioniert!" Ich entscheide mich für links. Eine gute Wahl. Ist alles so überraschend, diese Pistensituation. Es klappt gut, den folgenden Weg meistere ich problemlos und fühle mich auch sicher. Gut, dass es hier nicht nass ist!

Abb. 10 Single Road

Wir begegnen einmal sogar einem entgegen- kommenden Lieferwagen, der die Schlaglochversammlung in der Mitte mit einem Spurt über den Wegrand durch die Wiese nimmt. Ich folge seinem Beispiel, auch das klappt gut. Und das war auch schon das Highlight des Tages. Marbie ist oben geblieben!

Am Nachmittag habe ich meinen absoluten Tiefpunkt: Ich bin so müde, dass ich mich schon frage, ob die BMW vielleicht mich fährt statt umgekehrt. Kardzali erreichen wir gegen 17:00 Uhr und irren wegen der Hotelsuche etwas umher. Die Stadt ist mir auf den ersten

Blick unsympathisch: Plattenbauten, verfallene Häuser, viel Müll. Das Hotel in unserem Rücken gefällt mir gar nicht. Ein riesiger Plattenbau mit mindestens zwölf Stockwerken. Eine Prozession mit Polizei- absperrung zwingt uns zum Warten. George sucht mit dem Garmin ein anderes, was wir bald finden. Im Zimmer angekommen lege ich mich sofort auf das Bett und schlafe ein. Gut, dass wir jetzt da sind.

Auch ist hier die Übernachtung mit 70 BGN im Normbereich. Ein Restaurant hat es auch: Der Eintopf mit Schafskäse schmeckt köstlich und George hat sich wieder für „Chicken" entschieden. Mit Schinken- sahnesoße und Wedges. Das erste Mal in diesem Urlaub schalten wir die Klimaanlage im Zimmer ein, hier ist es wie auf dem ellenlangen Flur reichlich stickig.

Samstag, 06.06.2015: Gabrovo – Kardzali – von George.

Der Stadtkern von Gabrovo ist durchaus schön. Der Fluss Yantra schlängelt sich mitten durch die Stadt, im Stadtkern stehen einige schöne alte Gebäude und Denkmäler. Viele, ebenfalls mit Denkmälern bestückte Brücken führen über den Fluss. Wir essen in einem Restaurant direkt am Fluss. Dank des sehr gut Englisch sprechenden Obers bekommen wir auch ein klasse Menü. Dazu gibt es als kleinen Zwischengang noch ein Dutzend Muscheln „auf das Haus".

Zurück im Hotel, noch ein kleiner Plausch mit dem ebenfalls Deutsch sprechenden Sportlehrer. Ihn interessiert vor allem, wie wir denn auf das Hotel gekommen sind – wir verweisen auf den Garmin. Bereits beim Aufwachen lockt blauer, wolkenloser Himmel. Es ist aber nicht mehr ganz so warm wie die Tage vorher. Wir starten auf der 552, die uns auf gut ausgebauter, sehr kurvenreicher Straße bis Tryavna bringt. Tryavna ist ein schönes, beschauliches Städtchen hier im Zentralbalkan und touristisch recht gut erschlossen. Schade, dass wir nicht genügend Zeit für all die schönen Orte und Flecken hier haben.

Hinter Tryavna verlassen wir bald die gut befahrbare 552 und biegen ab auf ein namenloses Sträßchen. Wobei Sträßchen hier eigentlich übertrieben ist. Es sind zwar noch

Asphaltreste erkennbar, meist geht es aber über Schotter, Geröll und manchmal auch durch Gras oder Matsch, durch eine grüne, baumbestandene Gebirgslandschaft. Ab und zu kommt uns sogar ein Auto entgegen. Manchmal sind Leute unterwegs bzw. arbeiten hier, die uns verwundert hinterherschauen. Das Wetter ist gut, Marbies anfängliche Unsicherheit weicht so langsam einer vorsichtigen Lockerheit, also alles gut.

Bei Voneshta Voda holt uns die Zivilisation wieder ein. Wir biegen auf die 55 und damit auf eine deutlich belebtere Straße ein. Die ist teilweise sogar dreispurig und zieht sich in weiten Kurven den Südbalkan herab. Bei Gurkovo biegen wir auf die 6. Damit verlassen wir auch den Balkan und tauchen ein in die Südebene Bulgariens. Ab jetzt beherrscht Landwirtschaft das Gelände. Gelbe, grüne, braune Felder, Wein- und Obstplantagen, einmal sogar ein größeres Lavendelfeld beherrschen das Bild. Ab und zu ein Fluss oder See.

Die Straße, oft von Bäumen gesäumt, verläuft überwiegend geradeaus. Der Straßenzustand ist sehr wechselhaft, aber überwiegend schlecht bis sehr schlecht. So geht es über Nova Zagora auf die 55 und weiter bis Madrets, dort wechseln wir auf die 5504. Das ändert zwar nichts am Bild, aber die Straße wird noch schlechter. Bei Galabovo geht es dann auf 554, der wir bis Harmanli folgen. Jetzt zieht sich der Himmel wieder zu, es riecht nach Gewitter.

Wir fahren weiter auf der 808, 505 und 503, alles kleine Straßen, die wenigstens ab und zu mit Kurven locken. Das Wetter bleibt trocken. In Lyaskovets biegen wir auf die 5072, die uns jetzt langsam wieder in die Berge führt. Die Straße wird immer kurvenreicher, leider ist sie jetzt öfters auch nass, obwohl wir selbst vom Regen verschont bleiben. Jetzt geht es durch die West – Rhodopen, ein hügeliges, von Flüssen durchzogenes Bergland, hier oft mit interessant geformtem weißem Stein.

So nähern wir uns Kardzali, der Stadt am Arda-Stausee. Es ist eine große Stadt (ca. 50.000 Einwohner), die Suche nach einem Hotel fällt etwas schwer. Zumal eine der Hauptstraßen wegen einer großen Parade gesperrt wird.

Wir finden dann das Hotel Ustra, wo wir müde nach dem fahraktiven Tag ausspannen.

Strecke Tag 7: 292 km

Sonntag, 07.06.2015. Nach Devin - von Marbie.

Abb. 11 Blick auf Devin

Beim Frühstück vergessen wir den Frühstücks- Bon abzugeben und bedienen uns an dem spärlichen Buffet. Ich entschließe mich für bulgarischen Jogurt mit Cornflakes und einem in Ei gebratenen Brot. Selbst George kritisiert den Kaffee. Nun, hier sind wir schnell fertig. Eigentlich wollten wir zur Trigradschlucht. Nachdem ich mir den Reiseführer unterwegs nochmal zur Hand nehme und von einer 12 km langen abenteuerlichen Stichstraße zur Schlucht lese, entscheiden wir uns für den Stopp in Devin und eine morgige Tour zur Schlucht ohne Gepäck. Wir bleiben hier zwei Tage, ich kann etwas Erholung brauchen.

An einem Denkmal, das an eine uns noch unbekannte Schlacht vom 19.10. - 21.10.2012 erinnert, pausieren wir. Auf dem Schild steht mal was in Englisch. Errichtet wurde das Denkmal mit den wie Torwächtern positionierten Kanonen in 1932, der Rotary Club hat wohl was dazu gesponsert.

Wir überfahren einen Pass von 1700 m Höhe. Hier ist es doch etwas frisch und die Lüftungsschlitze an unseren Jacken werden geschlossen, ich ziehe noch eine Jacke darunter. Das Wetter ist heute zum Fahren ideal, Wolken, trocken, um 23 Grad.

In Devin angekommen, suchen wir das gemütliche Hotel mit 10 Zimmern direkt am Berg. Der Aufstieg ist schon abenteuerlich. George biegt nach links ab, es geht steil bergan, um gleich darauf schon wieder rechts einzuschlagen: Er schafft es so gerade, mit der Huskie herumzukommen. Da ich mal wieder zu spät schalte (im wahrsten Sinne des Wortes!), muss ich leider erst mal ein paar Meter zurückrollen, um mich in die optimale Startposition nach links oben zu bringen.

Das klappt ganz gut – aber dann geht es gleich wieder rechts, noch steiler, noch holpriger und auf eine ziemlich schmale holprige Betonriffelpiste! NEIN!! Ich fahre ein Stück geradeaus und stelle die Maschine ab.

Erfahrene Enduristen gehen ihre Strecke auch erst mal ab ... George kommt auf dem steilen Stück zurückgefahren und ich schüttele das behelmte Haupt. Wir suchen also das Hotel im Stadtkern, finden gleich drei, aber nur das Devin Spa Hotel (www.sharlopov.eu) mit vier Sternen ist irgendwie auf Touristen eingestellt, der Page trägt sogar meine Packrolle! Auf dem Parkplatz stehen gleich vier! Motorräder der Marken Buckelfraktion (Ninja und Honda) mit bulgarischen Kennzeichen. Also wohl nur eine Sonntagstour, keine Touristen wie wir.

Zum Abendessen laufen wir wenige Meter durch die Stadt, um wieder in einem Lokal zu landen, in dem die Menükarte nur in kyrillischen Buchstaben präsentiert wird. Die Bedienung kann kein Englisch. Seufzend stehen wir wieder auf, um schlussendlich im Hotel zu Abend zu essen. Hier kann die Bedienung zwar auch kein Englisch, aber die Speisekarte gibt es schließlich her.

George bestellt dieses Mal zweimal Kartoffeln, einmal überbacken und einmal als wedged potatoes. Also, das müssen wir noch üben, die Bestellung der Sättigungsbeilagen! Es schmeckt fantastisch: Der Shopska Salat als bulgarischer nationaler Salat erinnert an den griechischen Bauernsalat, aber wird von Stadt zu Stadt unterschiedlich zubereitet. Er ist einfach köstlich, was an den superreifen Tomaten und Gurken und dem gehobelten Schafskäse liegen mag. Das ganze Essen mit zwei Bieren kostet mit Trinkgeld 42 BGN.

Sonntag, 07.06.2015: Kardzali – Devin von George.

Morgens starten wir bei teils sonnigem, teils wolkigem Himmel. Das bleibt auch den ganzen Tag so. Damit einhergehen auch angenehme Temperaturen. Wir finden ohne Probleme heraus aus Kardzali und finden, Navi sei Dank, direkt die 865 Richtung Ardino. Und die Straße hat es in sich.

Auf akzeptablem Straßenbelag kurven wir uns höher und höher die Rhodopen hinauf. Hier führt kaum ein Stück geradeaus, es geht, meist recht enge Kurven, rechts und links den Berg hinauf. Dazu grandiose Ausblicke. Ein Traum!. Landwirtschaft gibt es kaum noch, die Bergdörfer hier leben wohl eher von Viehwirtschaft – uns laufen Kühe, Ziegen, Esel, Hühner, Pferde usw. über den Weg – und Forstwirtschaft. Die schroffen Berge lassen sonst auch nicht viel Spielraum. Allerdings sind auf den ersten Kilometern hinter Kardzali einige Hotels ausgeschildert, wahrscheinlich alle schöner als unser Hotel mitten in der Stadt.

Wir schrauben uns, unterbrochen von einigen Fotostopps, die 865 herauf und herunter.

Die Straße bleibt bis Ardino wie eben beschrieben, hinter Ardino wird der Straßenzustand deutlich schlechter, dafür die Aussicht noch fesselnder und die Kurven werden gefühlt noch enger. In Paspal stoßen wir wieder auf den Fluss Arda, dessen Schlucht die 865 jetzt über viele malerische Kilometer bis Rudozem folgt.

Hier folgt ein optisches Highlight dem nächsten, einfach gigantisch. Das hört auch hinter Rudozem nicht auf. Es geht genauso schön weiter. Wir durchfahren das schöne Städtchen Smoljan, danach geht es noch einmal deutlich bergan. Waren wir bisher überwiegend auf 600 – 900 Metern Höhe unterwegs, so steigt der Pass hinter Smoljan bis auf 1700 Meter an. Leider wird der Straßenzustand noch einmal schlechter, Löcher, Verwerfungen, ab und zu fehlt mal die halbe Fahrbahnbreite, dazu viel Dreck von den vielen Arbeiten auf der Straße.

Speziell für Marbie eine harte Herausforderung. In Vodata machen wir noch eine kurze Pause, von hier sind es noch 37 km bis „Greece". Wir biegen ab auf die 866 und fahren auf jetzt wieder etwas besserer Straße immer noch genauso kurvenreich weiter bis Devin. Hier haben wir uns aus dem Reiseführer ein Hotel ausgesucht und ins Navi einprogrammiert.

Die Streckenführung dahin ist aber so abenteuerlich, nämlich steil bergauf, in abknickenden Spitzkehren mit unklarer Straßenführung und Riffelbelag, dass Marbie nach einiger Zeit abbricht und entschieden verweigert. Also nehmen wir eines der zahlreichen Hotels unten in der Stadt. Anschließend noch ein kleiner Spaziergang durch das wirklich schön gelegene Städtchen, einschließlich deswegen nicht zu überbrückender Sprachschwierigkeiten misslungenen Versuchs in einem kleinen „einheimischen" Restaurant etwas zu essen. Dann ab ins Hotel.

Strecke Tag 7: 148 km

Montag, 08.06.2015. In die Trigrad Schlucht – von Marbie.

Nun, heute steht ohne Gepäck fahren an! Die Zufahrt zur Schlucht, die im Reiseführer mit abenteuerlich beschrieben steht: Nur, was heißt das eigentlich? Abenteuerlich wegen der Aussicht, des Straßenbelages, aus Sicht von Autofahrern oder Motorradfahrern? Ich denke eher an Auto- und Busfahrer. Die Straße ist nach unserem bisherigen Training relativ normal und nur an wenigen Stellen total kaputt.

Abb. 12 Brücke zur Nebenstrecke Trigrad Schlucht

Die Schlucht ist fantastisch! Ein unbedingtes Muss! Bis zu 300 m hohe Kalksteinfelsen ragen über uns empor, die Höhlen durchziehen diese quasi wie ein Fuchsbau.

Wir fahren erst mal an der Teufelsschlundhöhle vorbei und wollen diese Stichstraße bis zum Ende fahren. Gelingt aber nicht. Der Asphalt hört plötzlich auf, unter den Reifen haben wir Schotter, Löcher und nochmals Löcher. Nun, ich habe mir vorgenommen, du schaffst das jetzt!

Eine Baustelle mit einem riesigen Bagger, der das Gestein am Hang zermalmt, stoppt die Fahrt. Die Bauarbeiter weisen uns weiter: „No problem!"
Beim Bagger ist dann Schluss: Das heruntergehauene Gestein versperrt den Weg. George ist nach wie der vor der Ansicht, dass der Bagger wegen uns Platz gemacht hätte.

Ich will es gar nicht ausprobieren und lasse mir meine Maschine von George auf dem Teller drehen. Es geht also zurück zur Höhle, die wir besichtigen wollen. Ich fahre vor und George startet die Actioncam. Endlich funktioniert sie so, wie wir uns das vorstellen.

Bei der Höhle angekommen, haben wir Glück: Gerade will eine Gruppe mit 5 Personen und Führer die Besichtigung starten.

Der Name kommt von einem Felsschatten in der Höhle, der mit etwas Fantasie wie eine Teufelsfratze aussieht. Der Führer erklärt in sehr gutem Englisch die Entdeckung und die Basisdaten. Die Höhle hat einen 42

Meter hohen unterirdischen Wasserfall am Ausgang, der schweißtreibend mit zirka 300 steilen und engen Stufen von uns erklommen wird.

Der Sauerstoffgehalt in der Höhle muss wohl ähnlich wie im Hochgebirge niedrig sein: Ich komme ziemlich aus der Puste und mein Herz rast. Das war echt anstrengend, aber lohnenswert.

Nach dem Ausgang passieren wir einige geschickt positionierte Verkaufsstände. Eine Frau ist sehr ausdauernd im Anbieten ihres Honigs: Ich kaufe nach einer Geschmacksprobe einen dunklen Waldhonig, der als Erkennungszeichen ein winziges Tannenzäpfchen enthält. Der Geschmack ist unvergleichlich, fast, als würde ich in einen Kiefernast beißen. Nach dem Kauf klopft sie mir dankbar auf meinen Rückenprotektor.

Wir beschließen, den weiteren Nachmittag getrennt zu verbringen. George möchte den anderen Seitenarm der Schlucht noch fahren, mich zieht es in die Wellnessabteilung des Hotels.

Am Abend beschließen wir diesen tollen Urlaubstag mit einer großen Salatplatte und zahlreichen Pürees unbekannten Ursprungs. Die Bulgaren sind sehr fleischliebend, aber wir wollen das nicht täglich genießen.

*Abb. 13 Ende der Trigrad Schlucht,
hier geht es nicht mehr weiter*

Abb. 14 In der Trigrad Schlucht

Montag, 08.06.2015: Devin – von George.

Heute ist es mal heiter, mal wolkig, zwischendurch regnet es sogar einige Tropfen. Wir fahren heute mal ohne Gepäck – ist auch mal angenehm.

Wir fahren in die Trigrad – Schlucht. Bereits kurz hinter Devon wird die Strecke schön. Die Vacha hat bereits hier ein Schlucht ähnliches Tal in die Berge gegraben. Die Straße ist halbwegs gut, so geht es durch schönste Landschaft kurvenreich bis Teshel.

Dort biegen ab in die Trigrad – Schlucht. Jetzt wird es großartig. Ein Nebenfluss des Vacha hat sich hier sein Bett einzigartig in die Felsen gegraben. Das kleine Sträßchen nach Trigrad windet sich durch die enge Schlucht, das ist eine wahre Freude. Am Ende der Schlucht liegt noch die „Devils-Throat-Höhle" die wir bei der Rückfahrt auch besichtigen.

Hinter dem Zugang zur Höhle geht es in einigen Serpentinen hinaus aus der Schlucht in ein immer noch enges Tal. Wir fahren über Trigrad, bis hier ist die Straße recht gut, weit in das Tal hinein. Hinter Trigrad wird die Straße deutlich schlechter, um dann irgendwo vor Zhrebevo in eine Offroad-Piste überzugehen. Doch Marbie meistert die heute locker, fährt sogar teilweise vorneweg.

Erst als hinter Zhrebevo der Weg nach Kesten auch durch Bauarbeiter und einen Bagger versperrt wird, verweigert Marbie die Weiterfahrt. Die Bauarbeiter hätten uns sicher durchgelassen.

Wir fahren zurück und besichtigen die Teufelsschlund - Höhle. Die eindrucksvolle Höhle müssen wir uns aber, gemeinsam mit einer kleinen Reisegruppe aus Israel, mit dem anstrengenden, über steile Stufen führenden Ausstieg aus der Höhle hart erarbeiten.

Danach noch Souvenirs erstanden, ein nettes Gespräch mit den Israelis und, unterbrochen von einer kleinen Pause in Grohotno, zurück ins Hotel. Während Marbie der Sinn jetzt nach relaxen steht, fahre ich noch eine kleine Runde.

Bis Teshel folge ich der gleichen Straße (197) wie heute Morgen. Dann biege ich ab Richtung Buynovo bzw. Richtung Yagodina-Höhle. Was jetzt folgt, ist mindestens genauso schön wie die Strecke heute Morgen. Die Vacha hat sich hier über einen weiten Weg eine enge Schlucht geformt. Die Straße ist gut, leider aber mit viel Sand auf dem Asphalt.

Die Ausblicke sind fantastisch und ich lasse es schön rollen. Nach etlichen Kilometern geht es vorbei an der Yagodina-Höhle und nach kurzer Zeit auch heraus aus der Schlucht in ein schönes Tal. Die Straße bleibt gut, ist wohl auch relativ neu, bis Buynovo.

Hier, an diesem kleinen Dorf am südwestlichen Ende Bulgariens, endet zunächst der Asphalt und weicht einem holprigen, festgefahrenen Lehm Belag.

Abb. 15 In der Schlucht am Flussufer

Die wenigen Dorfbewohner schauen mir entgeistert nach. Laut Karte sollte hier der Weg zu Ende sein. Doch hinter Buynovo kommt auf einmal wieder ein schmales, aber sehr gutes und neues Asphaltsträßchen. Laut Schild eine von der EU gesponserte Straße. Die führt mich über zirka fünf Kilometer ins nächste Dorf Kozhari (wenn meine Übersetzung stimmt?).

Hier sind die Dorfgassen in noch schlimmeren Zustand als in Buynovo. Ich rolle trotzdem durchs Dorf und noch einige Meter weiter, aber irgendwann wird auch mir der Weg zu schlecht. Ich drehe und rolle zügig und entspannt zurück ins Hotel.

Strecke Tag 8: 65 / 140 km

Dienstag, 09.06.2015. Zum Rilakloster – von Marbie.

In der Nacht hat es geregnet, der Himmel ist bewölkt. Heute nehme ich mir meinen eigenen Kaffee aus unserer Espressokanne mit, der Automat bietet nur Pulverkaffee an, der schmeckt scheußlich.

George hat sich bei der Frühstücksbestellung zurückgehalten: Was gestern mit Rühreiern und überbackenem Toast eindeutig zu viel war, ist heute sehr übersichtlich: Eine Brühwurst und einen Toast ohne Butter. Marmelade gibt es auch nicht. Ich halte mich an Müsli und Rührerei mit Brot.

Der Weg geht wieder Richtung Trigrad Schlucht. Toll! Das Wetter bleibt trocken, doch irgendwann hole ich die dickeren Handschuhe raus. Als die Straßen endlich breiter und die Kurven weiter werden, ist mir überhaupt nicht langweilig, im Gegenteil, die Kurve an Kurve an Kurve ist anstrengend. Wir zapfen unterwegs mit Einheimischen Wasser an diesen zahlreichen und ausgeschilderten Zapfstellen. Das Wasser ist sehr kalt und schmeckt gut.

George fotografiert einen Kuhhirten, der bäuchlings liegend auf die Kühe aufpasst. Toller Job. Wir beschließen, doch nicht auf die Unterkunft im Rilakloster zu setzen, sondern ein Hotel in fünf Kilometer Entfernung zu wählen und das Kloster morgen zu Fuß erreichen zu wollen. Beim

Tankstopp sehen wir sogar ein deutsches Auto aus Mannheim. Das erste Mal in diesem Urlaub. Mit dem Tanken habe ich auch bis 350 Kilometer nicht gemeckert, die rote Lampe war noch nicht mal angegangen. Überhaupt sind die Spritpreise mit 1,20 Euro sehr erfreulich.

Meine Konzentration beim Fahren lässt pünktlich gegen 16:00 Uhr nach. Der Wind ist so heftig, dass ich den Oberkörper auf den Tankrucksack legen muss, das Fahren wird nochmals anstrengend. Erst mit dem Abbiegen in das Tal zum Rilakloster werden wir durch die Berge vor diesen Böen verschont.

Auf dem Weg zum Kloster sind reichlich Hotels, wir finden das im Reiseführer erwähnte kleinere Hotel Gorski Kut (www.gorski-kut.com) zügig und können die Motorräder im Hof abstellen. Das Hotel hat eine kleine Sommerterrasse über dem Fluss Rilska Reka und nur zehn Zimmer.

In diesem kleinen 2 Sterne Hotel will der Chef unsere Pässe gar nicht sehen. Das Zimmer ist winzig, aber es hat einen kleinen Balkon, wir hören das Rauschen des Flusses und den Wind in den Blättern, sonst ist es still. Es ist kühl hier oben, das erste Mal ziehe ich draußen beim Abendessen eine Jacke an. Wir bestellen auf Empfehlung des Kellners zweimal Balkanforelle mit Kartoffeln, als Vorspeise den Shopska Salat. Das Beste an diesem Salat ist, dass der Schafskäse nicht in dicken Stücken, sondern geraspelt wird, eine tolle Würze für die Tomaten, Gurken und Paprika. Insofern entspricht er nicht ganz dem griechischen Bauernsalat. Die Forellen werden täglich frisch aus der Zuchtanlage gefangen, wirklich köstlich.

Beim Essen beobachtet uns die Hauskatze. Beim Fischgeruch sitzt sie sehr aufmerksam da, ich schenke ihr den Forellenkopf und bemerke eine schwere Verletzung am Hinterlauf, die blutet. Aber ich kann ihr leider nicht helfen. Das Tier müsste zum Tierarzt!

Der Kellner spricht einige Brocken deutsch und entschuldigt sich, dass er nicht besser Deutsch beherrscht. „Sie sprechen besser Deutsch als wir Bulgarisch!", tröstet ihn George. Er freut sich und lächelt geschmeichelt.

Der Abend bei Grillenzirpen, Flussrauschen, Bericht schreiben und im Kindle lesen geht leider schnell vorbei. Ich genieße so die Ruhe und freue mich auf morgen, eine kleine Wanderung zum Kloster. Da muss ich mal nicht Motorrad fahren.

Dienstag, 09.06.2015: Von Devin nach Rila - von George.

Morgens hängen noch schwere Wolken am Himmel, die Straße ist nass vom nächtlichen Regen. Doch bis wir, nach dem spärlichsten Frühstück bisher, loskommen, ist die Straße trocken. Im Gegensatz zu den vorigen Tagen hat es noch einmal abgekühlt, es sind max. 20°C.

Wir fahren über die 197, das erste Stück ist uns ja schon bekannt, bis Gotse Delcev. Die Strecke ist relativ gut. Es geht durch die West- Rhodopen. Wälder, Flüsse, Viehwirtschaft und eben dieses große bis über 2000 Meter hohe Gebirge prägen die Fahrt. Wir fahren vorbei an alten Steinbrücken, dösenden Viehhirten, emsigen Bauern – die mit ihren Handwerkzeugen die Felder bestellen – und kleinen Dörfern und Städten. So geht es über kurvenreiche Straße mal rauf, mal runter, es geht immerhin mehrmals bis auf Passhöhen von 1380 Meter, bis wir in Dolen, wenige Kilometer abseits der 197 eine kurze Pause einlegen.

Das Restaurant hier in dem kleinen „Steinbruch-Dorf" ist gleichzeitig auch Einkaufsladen, Baumarkt und Poststelle. Wobei die „Postausgabe" so aussieht:
Auf der Fensterbank des Restaurants liegt ein Stapel Post. Wer Post erwartet, geht einfach hin, schaut den Stapel durch, und wenn was für ihn dabei ist, nimmt er es eben mit. So einfach kann das gehen. **Ach ja, „Steinbruch-Dorf" nenne**

ich es deshalb, weil es hier überall und alle paar hundert Meter, kleine Steinbrüche gibt. Oft arbeiten nur zwei bis drei Personen hier und klopfen mühsam die herausgebrochenen Steine in Form. Anschließend werden diese dann auf Paletten geschichtet. Wahrlich eine Knochenarbeit. Es gibt hier Steine in allen möglichen Farben.

Hinter Gotse Delcev verlassen wir die so abwechslungsreichen Rhodopen. Wir biegen auf die 19 ab. Der Verkehr nimmt zwar jetzt etwas zu, bleibt aber erträglich. Dafür wird die Straße jetzt richtig gut. In weiten Kehren zieht sie sich durchs Land. Bei optimalem Asphalt eine richtige „Knieschleifer"-Straße. Die Aussicht ist auch genial. Es geht vorbei am Fluss Mesta. Rechts und noch mehr links grüßen die hohen, noch schneebedeckten Berge des Pirin – Gebirges. Einfach schön.

Das bleibt so bis Simitli, auch wenn der Verkehr zum Ende hin noch etwas mehr wird. In Simitli biegen wir auf die 1 beziehungsweise E 79. Jetzt wird der Verkehr ätzend, die Straße langweilig. Doch von Weitem grüßen schon die ebenfalls, sind ja auch noch geringfügig höher, schneebedeckten Berge des Rila-Gebirges. Bereits zirka fünfzehn Kilometer hinter Blagoewgrad biegen wir schon wieder ab auf die 107, die uns schmal und kurvenreich durch das Städtchen Rila bis etwa fünf Kilometer vor das Rila-Kloster bringt.

Abb. 16 Hof vor unserem Hotel unter uralter Kastanie

Allerdings hat es jetzt noch etwas abgekühlt und es weht ein heftiger Wind.

Das ist aber auch kein Wunder, das Hotel liegt schon wieder auf ca. 1000 Meter Höhe. Ein kleines 2 Sterne Hotel direkt am rauschenden Fluss „Rilska Reka" mit gutem Restaurant.

Hier beschließen wir die Fahrt für heute.

Strecke Tag 9: 234 km

Abb. 17 Das Rila Kloster -
UNESCO Weltkulturerbe

Mittwoch, 10.06.2015. Im Rila Gebirge zum Rila Kloster – von Marbie

Im Rilagebirge haben wir einen Tag mehr eingeplant. Der Tag beginnt mit dunklen Wolken, und als wir zum Kloster zu Fuß aufbrechen, regnet es. Gut, dass ich heute kein Motorrad fahren muss.

Das Kloster ist nach unserem Reiseführer auf 1150 Metern Höhe, von dichten Wäldern umgeben und wirkt wie eine Festung. Es ist das bekannteste Kloster des Landes und gehört zum UNESCO Weltkulturerbe. Als Wallfahrtsort zieht es nicht nur die Bulgaren an, sondern auch ausländische Gläubige und vor allem Touristen.

Gegründet wurde es von dem bulgarischen Einsiedler Ivan Rilski, der ein Leben in totaler Abgeschiedenheit wählte und in der 3,5 Kilometer entfernten Höhle hauste. Er starb mit 70 Jahren im Jahre 946. Seine Gebeine werden in der Kirche aufbewahrt und nach den zahlreichen Ikonen zu urteilen, wird ihm eine hohe Verehrung zuteil. So will es die Überlieferung.

Der Weg zum Kloster führt leider an der Straße entlang, zirka fünf Kilometer müssen wir laufen, dann taucht es nach einer Linkskurve vor uns auf. Unterwegs fahren drei Motorräder mit deutschem und österreichischem Kennzeichen an uns vorbei. Auf dem Parkplatz vor dem

Kloster sucht George sofort nach diesen Maschinen (Teneré, KTM Adventure und BMW GS 1100 aus Aalen) und findet sie nebst ihren Fahrern. Sie kommen aus Georgien und sind seit vier Wochen bereits unterwegs. Respekt.

Kurze Unterhaltung unter Globetrottern, dann fahren sie wieder ab. Inzwischen ist der Fahrer der BMW mit Sozia angekommen. Die Unterhaltung zwischen ihm und George dauert etwas länger.

Abb. 18 Der Eingang zum Kloster

Sie haben in einer üppigen Bodenwelle den rechten Koffer verloren und eine Halterung in einem eindrucksvollen Makramee aus Gummistrapsen gebastelt.

Die beiden brechen nach Sofia auf und George und ich begeben uns in die heiligen Gemäuer. Farbenprächtig

präsentiert sich der Klosterhof mit den im Fünfeck
angeordneten Gebäuden.

Die Kirche steht in der Mitte und hat keinen einzigen unbemalten Fle[ck]
wenig wirkt sie wie die Basilius Kathedrale auf dem Roten Platz in Mosk[au].
Nur deutlich kleiner.

Im Kircheninnern ist es genauso: Fresken, wohin das Auge blick[t].
Kirchen, die wir bisher besuchten, haben an der Decke die Christusfigur
gemalt, die gütig auf die Menschen herabblickt. Sehr viele Asiaten sind in
unterwegs, die Museen besuchen wir ebenfalls. Anhand der groben Werk[zeuge]
und Kochutensilien lässt sich ableiten, welch schweren Alltag die Mensch[en]
tagtäglich stemmten, um nur das Nötigste zum Leben zu haben. Der Ofe[n,]
dem die Brote gebacken wurden, ist beeindruckend: Schließlich lebten hi[er]
Mönche! (www.rilamonastery.pmg-blg.com). Heute sind es nur noch zehn

Wir essen in einem kleinen Restaurant hinter dem Kloster die Suppen,
heute auf dem Speiseplan stehen: Weiße Bohnensuppe für mich und für
George als Überraschungsessen „lenty", was sich als Linsensuppe entpup[pt].
Als Nachtisch gönne ich mir den bulgarischen Schafsjogurt mit Walnüsse[n und]
Honig. Fantastisch!

Es schüttet inzwischen wie aus Eimern, und Gewitter
hören wir auch. Gut, dass wir jetzt hier trocken sitzen. Als
wir aufbrechen, scheint schon fast wieder die Sonne. Jetzt
gilt es, die Rückreise zu planen. Das machen wir auf der
Terrasse des Hotels mit Internetanschluss. Das Wetter soll
wieder gut werden und morgen brechen wir nach
Mazedonien auf. Plötzlich kommt ein richtiger Windsturm
mit dunklem Gewölk und Blättertreiben auf. Es erinnert

mich an einen Roman: „Erst kommt der Wind, dann der Regen."

Ich glaube, das war: *„Im Land der letzten Dinge"* von Paul Auster, ein Spezialist für Endzeitromane.

Aber es kommt nur der Kellner. Er möchte Feierabend machen und kassieren. Wir gehen ins Zimmer und planen die weitere Reise auf dem Bett.

Ein Hotel in Albanien in der Stadt Peshkopie soll es sein. Ich bin schon gespannt, wo wir landen werden!

Mittwoch, 10.06.2015: Rila – von George.

Heute ist motorradfreier Tag. Das hat auch Petrus bemerkt und schickt reichlich Regenschauer ins Rila-Gebirge. Wir wandern nach dem Frühstück die etwa fünf Kilometer langsam bergauf zum Rila-Kloster, bewundern dabei die alten, dicken Bäume, die Felsen, Pflanzen, Eidechsen und Schnecken. Kurz bevor wir das Kloster erreichen, brummt eine GS mit Kennzeichen AA an uns vorbei.

Auf dem Parkplatz vor dem Kloster kommen wir dem Pärchen aus Aalen und zwei weiteren Motorradfahrern aus Österreich ins Gespräch. Die zwei Österreicher teilen meine Meinung, dass nur ein leichtes Motorrad auch ein gutes Motorrad ist, der Aalener ist eher für eine GS oder 1290 Adventure.

Die Österreicher kommen gerade aus Georgien und sind auf der Rückfahrt. Das Pärchen mit der GS ist ebenfalls auf der Rückfahrt. Die beiden haben eine Rundreise Rumänien/Bulgarien hinter sich. Wir unterhalten uns noch etwas, dann fahren die zwei davon und wir besichtigen das Kloster. Wirklich sehenswert. **Eine große, farbenprächtige und sehr gepflegte Anlage.** Als größtes Kloster hier in Bulgarien natürlich auch stark besucht. Morgens geht es noch, aber am frühen Nachmittag, als wir gehen, sind der

Parkplatz und der Klosterhof voll. Kennzeichen aus allen Ländern Europas, Busse, viele Asiaten.

Wir sind froh, dass wir früh genug hier waren. Die Besichtigung des Klostermuseums würde ich nicht mehr machen, sie ist wohl hauptsächlich was für kirchlich Interessierte. Ansonsten ist die Anlage aber wirklich sehenswert.

Donnerstag, 11.06.2015. Von Bulgarien nach Makedonien – von Marbie.

Gut, dass man manchmal nicht weiß, wie so ein Tag enden kann! Zunächst starten wir gut gelaunt vom Rilagebirge nach Mazedonien. **Geplant war, bis nach Albanien zu kommen.**

Dazu später mehr. George muss seine Ansichtskarten noch in den Briefkasten werfen, in einem kleinen Ort entdecke ich einen. Und ein Storchennest, dessen Nachwuchs kurz vor dem Flüggewerden recht lebhaft in der Kinderstube herum turnt. Von den Eltern ist leider nichts zu sehen. Zwei alte Damen sind in ein Gespräch vertieft und beachten uns überhaupt nicht. Hier ist das Leben scheinbar noch in Ordnung.

Das Wetter ist noch kühl, aber wieder trocken. Die Einreise nach Mazedonien ist problemlos, die Grenzbeamten freundlich. LKW-Fahrer müssen erst auf die Waage und sich dann anstellen. Die tun mir ja echt leid. Die Landschaft hügelig mit Bäumen und Büschen in den Wiesen. **Wir sehen plötzlich in einer Kurve eine Schildkröte auf dem Mittelstreifen.** Tierlieb, wie wir beide sind, halten wir an und George schafft das Tier von der Straße. Er begutachtet sie sehr genau, das heißt, man sieht nur den Panzer, Beine und Kopf haben sich ins Innere des Panzers verzogen. Die Schildkröte findet das wohl nicht so gut: Sie hinterlässt plötzlich achtern eine große Menge schleimiger Ausscheidung, was Georg befleißigt, sie schnell ins Gras zu setzen.

Wir wollen weiter. Die Huskie springt nicht mehr an! Drei Versuche, nichts. Mir schwant, dass es wieder mal um Lichtmaschine, Laderegler, Batterien oder sonstiges Hightech Mapping geht, von dem ich nix verstehe. Ich schiebe ihn an, aber so richtig Schwung kommt nicht auf. Georg lässt sich in die Sitzbank fallen – nichts. Grundgütiger!

Okay. Ich soll ihn ziehen, er versucht es nochmal. Begeistert bin ich zwar nicht, aber was bleibt sonst? **DA! Sie springt an, also Selbstheilung?**

George hat eine Tour geplant, die gelbe Straßen vorsieht. Nach den letzten Erfahrungen scheint das kein Problem zu sein, ich rechne also mit Asphalt, ist es aber nicht. Sand-Schotter-Loch-Wellen-Strecke. Das soll eine gelbe Straße mit der Nummer 526 sein!? Es geht also nur langsam voran. Plötzlich, wie in einem schnecken- langsamen Albtraum, sehe ich, wie weißer Qualm rechts neben George aufsteigt, es ist eine richtige Wolke! Was ist das denn?

Die Huskie brennt!?

George stoppt bzw. wird gestoppt.

Der Motor geht schlagartig aus. Ich halte auch sofort, in etwas sicherer Entfernung, reiße Handschuhe und Helm herunter, renne zu ihm hin.

Abb. 19 Qualmende Huskie

„Scheiße! Das war's! Die Batterie fackelt ab!"

Ich sehe meinen Liebsten selten hektisch werden, aber heute ist so ein Tag. Er reißt das Gepäck runter, sucht nach der Werkzeugrolle und fingert an dem schwarzen Kasten an der rechten Seite, aus dem immer noch stoßweise weißer Qualm dringt. Ich habe Angst, dass der Tank zu brennen beginnt. Es kommen immer mehr Qualm Wolken, es stinkt entsetzlich.

„Hol' die Wasserflasche!", schreit er. Ich renne zu meiner BMW zurück, das bisschen Trinkwasser opfern wir noch, er hat schon seine kleine Trinkflasche darüber gekippt, weil es zu heiß ist, die Batterie rauszuholen.

Ich erinnere mich aus dem Physikunterricht noch, dass sich Elektrik und Wasser nicht besonders mögen, aber was kann jetzt noch schlimmer werden? Jedenfalls habe ich entsetzliche Angst. Zumindest kann George dann mit Schlüssel, Zange und Handschuhen die Batterie bergen, bevor alles in Flammen aufgeht. Sie ist total verkohlt und geschmolzen, es stinkt jetzt bestialisch.

So – die Batterie ist draußen. Motorrad gerettet. Und nun?

Abb. 20 Batterie ausgebaut, verkohltes Innenleben

„Sollen wir zur nächsten Tankstelle Hilfe holen?", frage ich verzweifelt und suche schon im Navi nach der Nächsten. Wir sitzen hier mitten in der Pampa!

„Nein, ich rufe meine Versicherung an, die müssen sich was überlegen. Wofür habe ich denn jetzt einen Schutzbrief bei der DEVK?"

Na, hoffentlich gibt der Akku in seinem Handy noch genügend her. Ich habe mein Handy gestern nicht geladen. Schon meldet sich mein schlechtes Gewissen:

Fahre nie ohne geladenes Handy, zwei Liter Trinkwasser und vollem Tank los!

Nun, Spritmangel haben wir nicht, aber das letzte Wasser auf die qualmende Batterie gekippt. Auf dem Display des Navis sehe ich eine kleine blaue Linie direkt in unserer Nähe. Während Georg die Batterie entsorgt und mit der Versicherung telefoniert, gehe ich auf Wassersuche und sehe von Weitem ein Flussbett mit vielen Steinen, aber fast ohne Wasser. Ein kleiner Bach fließt aber noch, ich fülle die Flasche und bin skeptisch, ob das trinkbar ist. Überall liegen Kuhfladen herum, meistens hinterlassen die Kühe auch ihre Ausscheidungen i m W a s s e r!

Colibakterien verursachen unangenehme Durchfälle!
Also – nur für den Notfall. Es ist brüllend heiß, aber Büsche und große Bäume spenden Schatten. Ich kann mich nicht entschließen, dieses Wasser zu trinken, wir nehmen es zum Händewaschen und zum Abkühlen im Nacken. Ich schütte es mir schließlich über den Kopf.

Die Versicherung hat ihre Vertretung in Mazedonien informiert, die haben inzwischen zurückgerufen und suchen nach Werkstatt und einem Abschleppdienst. George hat die Koordinaten aus dem Navi mitgeteilt. Eine BMW Vertretung gibt es in Mazedonien seit zwei Jahren nicht mehr. Das wäre ja auch zu schön, um wahr zu sein. Aber in Skopje, Hauptstadt von Mazedonien mit 500.000 Einwohnern, gibt es Werkstätten für Motorräder. Die tröstliche Versicherung der Dame aus Mazedonien, dass es ca. 90 Minuten dauern wird, bis der Abschleppdienst vor

Ort ist, stimmt uns hoffnungsfroh. Wir schauen den Kühen bei ihrem Fressvorgang von Büschen und ihren Wanderungen zu.

90 Minuten sind schon lange um, kein Abschleppdienst kommt. Die Vertretung aus Deutschland erkundigt sich, ob wir genügend zu trinken haben. Nein, wir haben gar nichts mehr, den Rest haben wir auf die Batterie gekippt, aber es geht uns gut. Nur mit Frühstück von heute Morgen meldet sich auch der Magen.

Der Abschleppdienst ruft an, er findet uns nicht und spricht nur gebrochen Englisch. George versucht, ihm die Straße zu erklären, benennt auch die Nummer, aber ganz sicher ist er nicht, ob er es verstanden hat. Wir warten.

Er ruft wieder an und fragt, wo wir auf der Autobahn stehen. **George versucht es erneut. Wir warten.** Er ruft wieder an, er findet uns nicht. Inzwischen sind drei Stunden vergangen. In der Nähe sehen wir zwei Einheimische, sie baggern ein Loch aus und beladen einen Anhänger mit Erde. Ich schlage George vor, einen Anruf beim Abschleppdienst von diesen Einheimischen zu versuchen, die dem Herrn besser erklären können, auf welcher Piste wir hier stehen.

Und tatsächlich – das funktioniert. George reicht den Bauarbeitern sein Handy, die wundern sich aber über gar nichts. Inzwischen ziehen dunkle Regenwolken auf, ein paar Tröpfchen fallen. Na, Prost Mahlzeit, jetzt auch noch Regen. Aber es bleibt bei den paar Tropfen.

Uns ist inzwischen so langweilig, dass ich kopulierende weiße Schmetterlinge und die Raupen auf Gräsern fotografiere. Auch eine Schildkröte krabbelt gemächlich über die Schotterpiste, eine willkommene Abwechslung. Die Kühe wandern ebenfalls umher, aber sie sind so scheu, dass sie uns nicht wirklich nahe kommen.

Ein Haufen riesiger Insekten umschwirrt uns und wollen auf meiner Hose Platz nehmen. Sie sehen aus wie Hornissen, nur in Grün mit braunem Hinterleib. Ich erschlage zwei mit dem Handschuh.

Abb. 21 Endlich! Aufladen der Huskie

Nach einer weiteren Stunde ist der Abschlepp- wagen endlich da. Ist das schön! Ich habe Durst und Hunger bis zum Umfallen. Wir hocken hier seit vier Stunden. Die Huskie wird verladen, George fährt die BMW, inzwischen wird es dunkel, ich nehme im Abschlepper Platz. Wir versuchen eine Kommunikation in Englisch, der Abschlepper möchte alle Daten der Huskie wissen. *So I do my very best.*

Ich kann mir aber nicht verkneifen zu sagen, dass die Eleganz und Schönheit dieser Maschine ziemlich lädiert unseren Urlaub gerade beendet. Er hält an einem Minimarkt und ich kaufe Wasser und setze sie mir die Flasche im Laden noch an die Lippen. Selbst George trinkt durstig Wasser, was selten vorkommt.

Wir müssen bis zur Hauptstadt Skopje, das sind noch gute 80 km, und fahren die Strecke zurück, die wir gekommen sind. Nach Veles fährt er auf die Autobahn. Ich frage besorgt, ob man eine Vignette braucht.

„Nein, wir bezahlen dort." Na prima. George hat keine Denar, die habe ich. Er beruhigt mich, die Bezahlung regelt er. An der Mautstelle rufe ich George nach hinten zu, dass für ihn auch bezahlt wird. Nun kommen sogar Blitze – oh nein. George fährt noch ins Gewitter hinein!

Wieder beruhigt mich der Fahrer.

„Bis dahin sind wir da", sagt er. In einem taghell erleuchteten Tunnel auf der Autobahn, die nur eine einzige

Baustelle ist, für deren Passage man sogar Geld bezahlt, sehe ich – Radfahrer! Auf der Autobahn??

Er erklärt mir, dass das Flüchtlinge aus Palästina sind. Ich bin wohl zu müde, um das zu verstehen. Meinte er wirklich *Palästina*? Und wieso sind die auf der Auto- bahn mit Fahrrädern? Sie stehen auf der abgesperrten Spur und pressen sich mit den Rücken an die Tunnelwand. Ihre Gesichter heben sich bleich im Scheinwerferlicht ab. Ich kann das Weiße in ihren Augen sehen. Sie haben Angst.

Oder meint er Pristina? Ja. Flüchtlinge aus dem Kosovo sind hier mit Rädern unterwegs. Ein gewohnter Anblick auf der Autobahn, klärt er mich auf. Die fahren mit Fahrrädern auf der Autobahn und werden von Schleusern hier abgesetzt. Sie versuchen ihr Glück weiter gen Norden in die EU. Sie laufen auch auf den Schienen der Bahngleise. In Skopje gibt es im Stadtteil Gazi Baba ein Auffanglager für Flüchtlinge, welches knastähnliche Bedingungen hat. Ich bin erschüttert. **Wie groß muss die Not sein! Was ist dagegen eine abgefackelte Batterie?**

Mazedonien versucht, die Flüchtlinge in das noch ärmere Nachbarland Albanien abzuschieben. Das Land ist für Flüchtlinge aus Afrika und dem Nahen Osten eine Etappe auf dem Weg nach Nord- und Westeuropa.

Er setzt uns an einem Hotel ab und fährt den Abschlepper mit der Huskie in eine Garage. Morgen früh will er uns abholen, um zur Werkstatt zu fahren, und ruft uns dann an. Das Gewitter ist tatsächlich an uns vorbei gegangen. Ein Glück.

Zu essen gibt es in diesem Hotel nichts, sie haben gar keine Küche, also bewegen wir uns zu Fuß in Richtung Zentrum, finden ein Restaurant, welches bis 24:00 Uhr noch offen hat und stürzen uns auf Spagetti und Penne. Essen kann so schön sein. Und ich denke an die Radfahrer auf der Autobahn.

Todmüde fallen wir um 0:30 Uhr ins Bett und hoffen auf ein gutes Ergebnis der Reparatur. Ansonsten wäre für mich Flug buchen angesagt. Ich fahre die Strecke nicht allein zurück!

Donnerstag, 11.06.2015: Rila – Skopje von George.

Das Hotel war und lag wirklich gut. Aber jetzt wird es Zeit weiterzufahren. Noch kurz an der BMW Öl nachfüllen und los geht es. Zunächst zurück bis Blagoewgrad, dann auf die 106 nach Makedonien. Und die 106 ist wieder richtig gut. Durch kleine Dörfer geht es bergauf bis zur Grenzstation auf der Passhöhe (1172 m).

Wir fahren weiter durch kleine Bergdörfer, machen in einem noch einen kurzen Fotostopp wegen der Störche, einfach schön. Das Wetter spielt auch mit, wolkenloser Himmel und warm. Der Grenzübergang klappt problemlos, die „Grenzer" sind alle freundlich, die Formalitäten beschränken sich auf eine kurze Passkontrolle.

Auf makedonischer Seite wird die Fahrt jetzt richtig klasse. Kurvenreich zieht sich die Straße in überwiegend akzeptablem Zustand bergab und bergauf. Rechts und links die schroffen, waldbedeckten Berge, kleine Bäche, kaum Verkehr, ab und zu ein malerisches Dorf. Ja, der Balkan ist schön! Ab Delchevo wird das Bild noch besser. In engen Kehren zieht sich die Straße am Fluss Bregalnica entlang. Wir fahren durch ein weites Tal, in der Ferne grüßen die teils noch schneebedeckten Berge.

Dann kommen wir zum Stausee Kalimanci, jetzt wird es schon fast kitschig mit der Aussicht. Da muss man ja einen Fotostopp einlegen.

Auch als wir nach etlichen Kilometern den Stausee wieder verlassen, bleiben wir dem Fluss Bregalnica treu. Bei Istibanja verlassen wir ihn kurz, um dann, jetzt auf der A3, nicht mehr ganz so spektakulär, bis Shtip wieder seinem Lauf zu folgen. Von Shtip bis Veles fahren wir auf die jetzt mit deutlich mehr Schwerlastverkehr bestückte R1204 / R 1312. Wir bleiben auf der 1312 und durchqueren so die lebhafte Stadt Veles.

Danach ändert die 1312 (laut unserer Karte übrigens die 526, das soll kurze Zeit später noch wichtig werden) aber deutlich ihr Gesicht. Hinter Veles ist es eine sehr kleine Straße, die sich kurvenreich durch das Berg- und Ackerland in stetigem Auf und Ab zieht. Dazu kommen noch einige recht rustikale Bahnübergänge, nicht schlecht das Ganze. Leider hat der Haftwert der Straße deutlich abgenommen, so dass ich den Gaszug nach einigen Rutschern etwas entspanne.

Irgendwo auf dieser kleinen Straße kommen wir dann an einer Schildkröte vorbei, die in ihrem bedächtigen Tempo versucht, die Straße zu kreuzen. Wir halten an und befördern sie schnell auf die andere Straßenseite. Das dankt sie uns mit einem satten Schiss, ich kann gerade noch meine Hand zurückziehen, um nicht damit benetzt zu werden.

Aber interessant war es trotzdem. **Nach der Pause will die Nuda zunächst nicht anspringen**, die Batterie schafft es kaum, den Motor durchzudrehen Was ist das? Erst als wir nach erfolglosem Schiebeversuch andenken, die Huskie anzuschleppen, besinnt sie sich, dreht den Motor durch und springt auch an. Ein paar Kilometer weiter endet der Asphalt, es geht offroad über eine festgefahrene, lochgespickte Piste weiter.

Aber nur zirka eine halbe Stunde, dann endet mitten im Nichts die Fahrt mit einem lauten Peitschen und dickem weißen Rauch, der mich umgibt. Mir geht einiges durch den Kopf – Motor geplatzt, Kühler durch Steinschlag beschädigt oder Ähnliches. Doch beim ersten Blick nach unten sehe ich, dass der Rauch aus dem Batteriekasten steigt. Und er wird eher noch dichter.

Schei…, die Huskie fackelt ab. Die brodelnden, knackenden Geräusche aus dem Batteriekasten wirken nicht beruhigend. Ich springe von der Huskie, packe in Windeseile ab, suche mein Werkzeug aus den Packtaschen und versuche die Batterieabdeckung zu entfernen.

Verdammt, geht nicht, viel zu heiß. Was tun, Wasser auf die elektrische Anlage. Obwohl sich einiges in mir gegen diese Maßnahme sträubt, schütte ich schließlich unser letztes Trinkwasser über den Batteriekasten. Kurzschluss ist eh schon und bevor mir das ganze schöne Moto abfackelt, lieber einen letzten Versuch starten.

Jetzt kann ich immerhin den Deckel abschrauben. Der zischende, knisternde Klumpen, der dann zum Vorschein kommt, hat mit Batterie nicht mehr viel zu tun, ist aber höllisch heiß. Ich zerre ihn mit zwei Kombizangen heraus, danach wird der Rauch endlich weniger, aber es stinkt infernalisch.

Was jetzt tun, ist dies das Ende der kleinen Balkan Ausfahrt? Zunächst mal spricht einiges dafür. Ich nehme erst mal Kontakt mit dem VCD auf. OK, Makedonien ist mit dem Schutzbrief abgedeckt. Dann Abschleppwagen und Werkstatt mittels VCD organisieren. Geht nur über die Hauptstadt Skopje und die ist 80 Kilometer entfernt. Aber immerhin, es klappt. Soll aber mindestens 90 Minuten dauern. Ich gebe die Koordinaten des Garmin und die Straße – laut Karte die 526 – durch.

Stunden später ruft der Fahrer des Abschleppwagens an, wo wir denn so in etwa stehen. Da wir beide etwa gleich gut / schlecht englisch sprechen, wird die Kommunikation schwierig. Wir warten im Nichts bei gleißender Sonne, Marbie legt sich wenigstens eine Zeit lang in den Schatten der Bäume. Ich tigere ziellos hin und her. Beim x-ten Anruf kommt Marbie auf die Idee, die in einiger Entfernung schuftenden Arbeiter mit einzubeziehen.

Das war es! Jetzt wird unser Standort verständlich für den Fahrer kommuniziert und eine weitere Stunde später, es wird langsam dunkel, ist der Abschleppwagen auch da. Wir haben mittlerweile die gesamte Fauna der Umgebung kennengelernt. Frösche, Schildkröten, klangvolle Vögel, frei wandernde Kühe und Insekten, die aussehen, als wollten sie gerade das Casting für „MiB 6" angehen.

Doch jetzt Huskie aufladen, Gepäck verstauen und Marbie fährt im Abschleppwagen mit. Ich mit der BMW hinterher. Klappt auch gut. Wir fahren wieder durch Veles, jetzt im Dunkeln ist hier immer noch richtig Leben in der Stadt.

Dann auf die Autobahn. **Das läuft hier mit Mautgebühren, alle Zahlhäuschen sind besetzt und die Preise sind in Denar wie auch in Euro ausgezeichnet.** Der erste Teil der Autobahn ist aber eine abenteuerliche Baustelle. Das Abenteuerfeeling steigt noch, als eine Gruppe Fahrradfahrer, teilweise ohne Beleuchtung, ebenfalls auf der AB unterwegs ist. Über den Bergen zucken Blitze und Donner hallt in den Helm.

Na Klasse, das hat noch gefehlt. Ein Gewitter würde den Tag so richtig abschließen. Doch wir haben Glück, das Gewitter bleibt oben in den Bergen. Für das Hotel hat der VCD schon gesorgt, der Abschleppdienst setzt uns dort ab. Dann noch in die Stadt, etwas Essen. Schließlich sind wir seit dem Frühstück ohne Nahrung unterwegs. Ein paar Biere beenden den unglücklichen Tag.

Strecke Tag 9: 219 / BMW 299 km

Freitag, 12.06.2015. The day after in Skopje – von Marbie.

Der Abschleppwagen ist um 9:00 Uhr am Hotel Vip. Wir fahren gemeinsam zur Werkstatt und ich finde Blicke für die monumentalen Skulpturen der Nationalhelden, alle in verherrlichender Pose von Gewalt und Waffen. Der Fahrer erklärt uns den Weg zum Zentrum, da der Chef der Werkstatt erst um 11:00 Uhr sein Tagwerk beginnt. Sogar ein alter Holzschlitten liegt anmutig in dem ganzen Chaos. Viele Roller unterschiedlicher Art und Güte stehen hier herum.

George wirkt besorgt. Obwohl die Werkstatt in Marrakesch in 2013 um einiges schlimmer aussah. Hier sieht man wenigstens keine offenen Altölbehälter in abgeschnittenen Plastikwasserflaschen. Wir verabschieden uns von unserem Abschleppfahrer. Erst jetzt fällt mir auf, dass ich seinen Namen nicht mal kenne. Also laufen wir Richtung Zentrum und finden das Museum von Mutter Theresa, die hier geboren wurde. Wir nehmen Platz in einer Bar, die coole Bluesmusik von Eric Clapton und John Le Hooker spielt. Es könnte alles schlechter sein.

Gegen 11 Uhr sind wir bei der Werkstatt, und sie haben die Huskie unter ihre Finger genommen. Es werden verschiedene Batterien ausprobiert, das Ganze klingt beruhigend. In einer Stunde sollen wir sie abholen. Wir winken an dem *Boulevard Alexander des Großen* ein Taxi heran. Die Fahrt kostet gerade mal zwei Euro! Na, besser als gelaufen durch diese Hitze.

George holt die Maschine ab, lässt sich wieder mit dem Taxi chauffieren und erfährt so nebenbei, dass wir das Zimmer noch heute Nachmittag verlassen müssen. Das Zimmer ist gebucht, das Hotel voll. Also geht es weiter, raus aus der Großstadt – Richtung Kosovo. Ich möchte diese Stadt so schnell als möglich verlassen und in die Berge flüchten. Die Hitze ist unerträglich.

Das Verlassen von Skopje mit dichtem Verkehr funktioniert besser als erwartet. Ich habe George gebrieft: Keine schnellen und abrupten Spurwechsel, bitte vorher Blinker setzen, dafür bleibe ich so dicht dran als möglich.

Was nicht wundert, ein Auffahrunfall blockiert eine Spur in der Stadt. Also quält sich alles dran vorbei. George nimmt sich ein Beispiel an einem Einheimischen: Was der kann, können wir auch. Und fahren munter in den Gegenverkehr, überholen diesen Moloch, tatsächlich finde auch ich immer eine Lücke, in die ich mich verdrücken kann. Grundgütiger. Ich hasse Großstädte.

Umso schöner, als wir uns in die Berge schrauben. Es wird nicht nur kühler, sondern der Verkehr nimmt ab und die Strecke ist einfach toll. Auf 1500 m angekommen, stoppen wir und nehmen das Motel in der Rechtskurve. Wir werden wie Könige behandelt, bekommen sogar von einem

Harley Fahrer einen Kaffee ausgegeben. Wie oft habe ich in diesem Urlaub schon gehört: „Ich habe auch ein Motorrad!" (??)

Was etwas befremdlich ist: Die ganze Wiese oder Alm ist mit Plastiktüten übersät. Das scheint keinen zu stören. Wie lange hat Deutschland gebraucht, mit der Mülltrennung, dem grünen Punkt und Umweltbewusstsein umgehen zu können? Wer lässt ungerührt eine Toilettenspülung laufen und vergeudet das Wasser? Georges Versuche, die Spülung zu reparieren, scheitern, wir stellen das Wasser einfach ab. Zum einen wegen des Verbrauchs, zum anderen aus Gründen von lästigen Geräuschen, der Ersparnis und des Schonens von Ressourcen.

Abb. 22 Alm im Kosovo

Samstag, 13.06.2015. Nach Montenegro - von Marbie.

Wolkenloser Himmel auf 1500 Meter. Das Frühstück hat etwas gedauert. Unser Wirt, der eigentlich Polizist ist, tut sich mit dem Service schwer, aber Omelett oder plattes Ei hätte ich auch nicht besser hinbekommen.
Wir starten bergab. Nicht ganz so gut zum Warmwerden, wenn die Kehren sofort anfangen. Ich bemerke, dass ich die Luft in den Spitzkehren anhalte, aber die Unterlippe hängt ganz locker. Die nächsten Kehren nehme ich pfeifend. Da muss man nämlich weiter atmen.

Die Dörfer und noch mehr die Städte, die wir durchfahren, sind einfach nervig. Es ist wieder heiß, die Autofahrer nehmen sich Lücken, die nicht da sind und erzwingen sich ihre Vorfahrt, dazwischen sind auch noch Radfahrer und Fußgänger. Und wieder ein Auffahrunfall.

Manche Idioten scheuen weder ihr eigenes noch das Leben anderer, wenn sie überholen. Ich halte oft deswegen den Atem an und muss an die LKWs in Rumänien denken. Die bremsten nicht, die hupten! Egal, ob Auto oder Pferdegespann! Die Straßen sind hier eindeutig besser als in Bulgarien. Wir kommen gut voran, aber gegen 17:00 Uhr lässt meine Konzentration ziemlich nach und meine Laune geht nach unten. **Das empfohlene Hotel des Garmins ist**

geschlossen. George sucht ein anderes, ohne sich das Zimmer nur anzusehen, wird es gebucht.

Abb. 23 Tara Pass

Denn es droht mal wieder ein Gewitter. Mit uns kommt ein deutsches Paar auf Fahrrädern an. Da Samstag und diese Schlucht sehr bekannt ist, muss das Zimmer rechtzeitig reserviert werden. Das Abendessen ist eher unspektakulär. Für mich Pizza und George nimmt eine panierte Schweineroulade, in der sich Schafskäse befindet. Lecker.

Als ich draußen eine Zigarette rauchen gehe, werde ich vom Besitzer des Hotels und seiner Tochter in Beschlag genommen.

Abb. 24 Straße in der Tara Schlucht, Montenegro

Die Tochter spricht sehr gut Englisch. Sie interessiert sich für unsere Route, unsere Herkunft, unsere Pläne. Also für alles. „Hier regnet es jeden zweiten Tag!", sagt sie.
Es schüttet jetzt wieder wie aus Eimern.

Samstag, 13.06.2015: Prevalla – Mojkovac von George.

Selbst hier auf 1500 Metern ist es heute Morgen sehr warm. Bei fast wolkenlosem Himmel geht es nach herzlicher Verabschiedung weiter. Die Straße, jetzt in engen Kehren bergab, ist ein Traum. Das Richtige zum Wachwerden. So läuft es ungefähr 1.100 Meter bergab.
In Prizren ändert sich dann das Bild. Eine überfüllte Stadt, zwar stellenweise schön und sehr lebhaft, aber ätzender Verkehr. Kirchen und Moscheen stehen friedlich nebeneinander, dafür scheinen die Autofahrer jetzt den Krieg auf den Straßen auszutragen. Rücksichtloses drängeln, überholen, einscheren – dazu die unterschiedlichsten Verkehrsteilnehmer: Roller, Leiter- wagen, Eselskarren, wir mit den Motorrädern, alle Arten von PKW, LKWs und Busse. Abgebogen wird so, wie es gerade passt. Ein Wunder, das nicht wirklich viel passiert. Ein paar Zusammenstöße, aber nichts Wildes. Ist halt etwas nervig. Vor allem, wenn ich nicht mitspielen darf.
Ab Prizren geht es über eine Ebene so zwischen 350 und 500 Metern Meereshöhe über die R 107 und R 106 bis Peje wie eben beschrieben. Der Verkehr ist nach wie vor chaotisch, vor allen Dingen in den Städten. Die

Landschaft ist überwiegend flach, allerdings grüßen am Horizont immer hohe Berge, viel Landwirtschaft, viel Staub, viel Hitze.

Hinter Prizren wird es dann endlich schöner. Der Verkehr tendiert zu Null, es geht über enge Kehren die 106 hinauf Richtung Rozaje und damit Monte Negro. Im Hintergrund zeigen sich wieder schneebedeckte Berggipfel, die Straße ist halbwegs gut, leider liegt in den Kehren oft Split und Sand. So schrauben wir uns hinauf auf fast 1700 Meter bis zum Grenzposten auf der Kosovoseite. Danach geht es noch mal hinauf bis auf 1804 Meter, das ist doch mal was.

Die Einreise in Montenegro ist gefühlt etwa fünfzehn Kilometer später, wir haben nicht mehr mit einem Grenzposten gerechnet. Die Grenzformalitäten sind mal wieder schnell und einfach.

Danach geht es zügig weiter den Berg hinab. Die Straße ist gleich viel besser als in den Ländern vorher. Auch wenn die Passstraße an einer Stelle ziemlich mitgenommen ist, eine Geröllawine hat hier wohl die halbe Fahrbahn belegt.

Was schon seit dem Grenzübergang nicht mehr mitspielt, ist mein Navi. Es will dauernd wenden und die Entfernung zum Zielort pendelt sich irgendwo zwischen 180 und 300 Kilometern ein. Also die Kartendaten wieder bewusst machen und weiter geht es.

In Rozaje biegen wir ab auf die E 65. Die wilden Berge haben wir jetzt hinter uns gelassen und rollen durch eine hügelige, landwirtschaftlich genutzte Landschaft. Wenig Verkehr, wenig Dörfer, auf den Feldern holen die Landarbeiter mühsam von Hand das Heu oder die Ernte ein. Da, wo schon mal mehr Verkehr aufkommt, wird aber von einigen ähnlich rücksichtslos überholt wie zuvor im Kosovo.

Vor Bijelo Polje biegen wir ab auf die M2 Richtung Mojkovac. Und folgen damit wieder kurvenreich den Flüssen Ljubovidja und Lepesnica. Es geht auch wieder leicht bergauf, die Berge werden etwas schroffer. An einer Baustelle warnt uns ein entgegenkommender Motorradfahrer vor „Policia", so dass ich die folgenden Kilometer etwas ruhiger angehen lasse. Das ist auch gut so, denn schon bald tauchen unsere Freunde des internationalen Trachtenvereins auf, lassen uns aber unbehelligt weiterziehen.

In Mojkovac finden wir nach kurzer Suche ein Hotel und das vorletzte Zimmer. Das letzte Zimmer bekommt ein Fahrrad fahrendes Paar aus Deutschland. Zwei weitere Motorradfahrer aus dem Münchener Raum haben schon Pech, kein Zimmer mehr frei.

Im Ort steppt der Bär. Es findet eine große Feier statt, Livemusik auf dem Dorfplatz, Abiturfeier, Umzug. Wir ziehen uns nach einiger Zeit zurück ins Zimmer und verarbeiten den heutigen Tag.

Strecke Tag 16: 233 km

Sonntag, 14.06.2015. Nach Sarajevo – von Marbie.

Dieser Fahrtag hat alles Bisherige in den Schatten gestellt, ein Highlight der Landschaften durch Schluchten und Tunnel, über Pässe und kleinsten Straßen!

Wenn wir schon dachten, jetzt geht es nicht mehr besser, wurde die Umgebung noch spannender. Wer weiß, ob wir bis Bulgarien überhaupt gekommen wären, wenn die Anfahrt über Montenegro gegangen wäre. Die Tara Schlucht hat die Trigrad Schlucht um Längen geschlagen!

Das Gewitter gestern Abend hat heute Morgen für reichlich Nebel gesorgt. Die Berge sieht man nicht, aber ich bin zuversichtlich, dass es sich schnell lichtet. Und richtig, als wir losfahren, ist es wieder wärmer. Wir gönnen den Ketten noch ein wenig Spray, das hatten wir gestern natürlich wieder vergessen.

Die Schlucht ist ein Erlebnis, wir müssen häufig Fotopausen wegen der tollen Aussichten einlegen. Heute, am Sonntag, sind auch mehr Motorräder unterwegs. Irgendwann biegt George nach links ab. Die Straße wird plötzlich sehr eng und klein. Ist das hier richtig? Mein Navi zeigt das Gleiche. Oder lande ich irgendwann auf einem Misthaufen?

Zwei Autofahrer vor uns drehen wieder um. Kein Wunder, für den dicken BMW ist diese Straße nicht die richtige. Wir sind inzwischen auf 1500 Meter und schrauben uns auf diesem „Bürgersteig" weiter nach oben auf 1900 Meter. Ein bisschen erinnert es an den Gavia Pass in Italien. **Die Kurven sind allerdings nicht so eng, die Aussicht ist atemberaubend.** Wir müssen wieder wegen Fotostopps dauernd halten. George ist total begeistert. Ich bin es auch, nach dem ich mich auf diese kleine Straße eingeordet habe. Die Autofahrer sind rücksichtsvoll. Und es sind so viele Motorräder unterwegs, wie wir den letzten zwei Wochen nicht gesehen haben.

An einem kleinen Restaurant halten wir an und essen eine Kleinigkeit. Ich kaufe noch eine Detailkarte aus dieser Gegend. Nun geht es bergab, durch einige Tunnels – die allesamt unbeleuchtet – mich und die Maschine gleichsam in ein schwarzes Loch im Weltall in ihre Dunkelheit und Kälte saugen. Meine Augen können nach dem grellen Sonnenlicht beim Reinfahren nur schwarz und sonst nichts erkennen. Hilft nur Vertrauen, dass kein großer Stein auf der Straße liegt. Erkennen würde ich den nicht! **Dann folgt Tunnel auf Tunnel an dem grünen See entlang.** Das Wasser hat eine Klarheit, als könnte ich bis auf den Grund der Erde blicken. Diese Farben! Es geht noch immer nicht schnell voran, auch wenn die Karte eine rote

Straße zeigt. Ob wir heute noch nach Sarajevo kommen?? Ich fahre höchstens mit 50 km/h.

Der alte Grenzübergang nach Bosnien Herzegowina ist verlassen. Der Neue kommt bald, aber problemlos und ohne großen Zeitaufwand zu meistern. Bei der Einreise nach Bosnien Herzegowina will die Border Police nur Georges Pass sehen, mich winkt er gnädig weiter.

Aber was dann kommt, ist der Hammer an Straße! Die sieht wohl noch seit dem Krieg so aus. Löcher, Schotter, Splitt, Kies, Staub ohne Ende und sehr schmal. Es geht wieder nicht schnell voran und der NAVI zeigt noch 21 km bis zur nächsten Abzweigung an! Grundgütiger. So habe ich mir die rote Straße wieder nicht vorgestellt.

Irgendwann, nach einer gefühlten Ewigkeit, kommen wir auf eine wirklich rote Straße Richtung Sarajevo. Nur noch 60 Kilometer! Ich muss sagen, ich bin echt geschafft. Das Hotel finden wir schnell, natürlich dank Navi. Wir nehmen das Hotel Saraj, es liegt ein wenig am Berg, hat eine Tiefgarage und viele preiswerte Zimmer mit Blick auf die nächste Hauswand, ohne Klimaanlage und mit Fenster, welches nur eine Kippstellung zulässt.

Wir gehen ein paar Meter bergab, kaufen Getränke und finden ein Restaurant mit Blick auf den Fluss Miljack, der kaum Fließgeschwindigkeit hat und eine dicke braune Brühe zeigt. Nach dem grünen Fluss in Mazedonien ist dieser Fluss eine Ernüchterung und wahrscheinlich kurz vor dem

Umkippen.

Morgen ist motorradfreier Tag. Wir werden uns die Stadt ansehen. Sarajevo erstreckt sich in West-Ost-Richtung in der Ebene von Sarajevo inmitten des Dinarischen Gebirges.

Der Fluss Miljacka fließt durch die Stadt; die Bosna entspringt westlich der Stadt, in der Gemeinde Ilidža. Die Ebene wird überragt von den Bergen der Bjelašnica und des Igman im Südwesten sowie der Jahorina und des Trebević im Südosten. Das Stadtzentrum liegt 511 Meter über dem Meeresspiegel. Die Vororte reichen hinauf bis auf über 900 Meter.

Die Berge um die Stadt herum sind zumeist bewaldet und bis zu 2.000 Meter hoch. Direkt östlich von Sarajevo liegt der Ort Pale, der während des letzten Krieges das Zentrum der bosnischen Serben war.

Quelle: Wikipedia

Montag, 15.06.2015. Sarajevo – von Marbie.

Heute ist Kultur und Bildung auf der Agenda. George meint, dass ein Frisörbesuch für ihn nötig ist. Der Salon ist nur für Männer, hat zwei Frisörstühle und eine Menge Besucher, die nur palavern wollen. Und vor allem in dem kleinen Raum hemmungslos ihre Zigaretten rauchen. Nach fünfzehn Minuten ist es überstanden und George hat einen neuen Haarschnitt. Ich kann mich dazu nicht entschließen.

Wir besuchen eine ehemalige Synagoge, die zum Museum umfunktioniert wurde. Es sind einige berühmte Persönlichkeiten in Schwarz-Weiß-Fotos abgebildet, die mir allesamt unbekannt sind. Beeindruckend der Stuhl, auf dem die rituellen Beschneidungen (Zirkumzision) durchgeführt werden. Das historische Instrument dazu ist auch zu sehen. Die Beschneidung von gesunden Kindern am achten Lebenstag gilt im Judentum als Gebot Gottes. Da kann man zu stehen, wie man will. Wahrscheinlich findet auch keine Betäubung statt. Aber hat ein Säugling nicht auch das Recht auf körperliche Unversehrtheit?! Und dürfen Eltern über diesen Eingriff bestimmen, wenn er medizinisch nicht notwendig ist, sondern aus religiösen Gründen durchgeführt wird?

Abb. 27 Altstadt in Sarajevo

Die verschiedenen Religionen (Christen, Muslime und Juden) sind hier scheinbar einträchtig versammelt. Zumindest deren Gebäude: Von unserm Hotel Saraj sehen wir eine Kirche und eine Moschee in Luftlinie nur eine Handbreit entfernt. Die Ankündigung des Papstbesuchs ist auf vielen Plakaten zu sehen. Wir besuchen eine multimedial gestaltete Ausstellung eines Fotografen über den Bosnienkrieg nach dem Tod von Tito in 1980, der zum Zerfall von Jugoslawien führte. **Schwerpunkt der Ausstellung ist das Massaker von Srebrenica.**

In der Gegend von Srebrenica wurden im Juli 1995 ungefähr 8.000 Bosniaken – fast ausschließlich Männer und Jungen zwischen 13 und 78 Jahren – getötet. Das Massaker wurde unter der Führung von Ratko Mladić von der Armee der Republika Srpska (Vojska Republike Srpske, VRS), der Polizei und serbischen Paramilitärs trotz Anwesenheit von Blauhelmsoldaten verübt. Es zog sich über mehrere Tage hin und verteilte sich auf eine Vielzahl von Tatorten in der Nähe von Srebrenica. Die Täter vergruben Tausende Leichen in Massengräbern. Mehrfache Umbettungen in den darauf folgenden Wochen sollten die Taten verschleiern.

Das Massaker vom Juli 1995 gilt als das schwerste Kriegsverbrechen in Europa seit dem Ende des Zweiten Weltkriegs. Bereits abgeschlossene Prozesse vor internationalen Gerichten haben gezeigt, dass die Verbrechen nicht spontan erfolgten, sondern systematisch geplant und durchgeführt wurden. Der Internationale Strafgerichtshof für das ehemalige Jugoslawien (UN-Kriegsverbrechertribunal) in Den Haag bezeichnete das Massaker in den Urteilen gegen Radislav Krstić, Vidoje Blagojević, Dragan Jokić, Ljubiša Beara und Vujadin Popović als Völkermord. Ende Februar 2007 bewertete der Internationale Gerichtshof das Massaker ebenfalls als Genozid. (Quelle: Wikipedia)

Die Fotos machen mich sehr betroffen. Die Filmaufnahmen zeigen Kinder und Jugendliche in ihrem Alltag während der Kriegshandlungen. Sie spielen in einem zerschossenen Autowrack.

Fotos von Schmierereien an den Hauswänden:

„Killing is my job. It is a good job. "
(Zu deutsch: *Töten ist mein Beruf, es ist ein guter Beruf*) und
"Mustache, no teeth and smell like shit – it's bosnien girl".
(Zu deutsch: *Schnurrbart, keine Zähne und riechen wie scheiße - das ist ein Mädchen aus Bosnien*)

Filmaufnahmen von Exekutionen. Aushebung von Massengräbern, Feststellung der Identität mit DNA – Analysen. Knochen, die zu einem Menschen gehörten, zusammengelegt mit Namensschild und Plastiksack. Ich finde es positiv, dass sich diese geschichtsträchtige Stadt mit der Vergangenheit so offen auseinandersetzt. Denn ändern lässt sich die nicht mehr. Ist dieser Frieden hier wirklich sicher?

Im Kosovo haben wir Fahrzeuge der KFOR gesehen und häufig Militärhubschrauber wahrgenommen.

Am Nachmittag gegen 16:00 Uhr beenden wir unsere Stadtbesichtigung und begeben uns ins Hotel zurück. Ich bin froh, dass wir morgen weiter fahren. Aber ich bin um eine wichtige Erfahrung reicher.

Montag, 15.06.2015: Sarajevo - von George.

Heute ist Fahrpause. Wir schauen uns die Stadt Sarajevo an, die ja historisch schon einiges mitgemacht hat bzw. in der einiges ausgelöst wurde. Es ist eine lebendige Stadt, Kirchen und Moscheen stehen einträchtig nebeneinander, wobei die Moscheen schon überwiegen.

Der Fluss Miljacka fließt mitten durch die Stadt und wird hier auch von vielen kleinen Brücken, die meist benannt sind, überspannt. Unser Hotel liegt direkt in der Nähe, allerdings ist das Wasser hier eine lehmgelbe Brühe, in die wir nicht freiwillig eintauchen würden.

Uns gefällt am besten das „Türkische Viertel" um den „Baščaršija-Platz". Wir schauen uns aber auch ein jüdisches Museum (für mich eher langweilig) und das Kulturmuseum (?) an, das sehr eindrucksvoll Fotosammlungen und Multimediakollagen zu den letzten Kriegsgräueln zeigt.

Wir wandern auch so noch ein bisschen durch die lebendige Stadt, genießen das jetzt friedliche Nebeneinander der Kulturen und sind rundum zufrieden.

Dienstag, 16.06.2015. Sarajevo nach Glina/ Kroatien – von Marbie.

Ich bin froh, dass wir die Stadt wieder verlassen. Einen Tag, das ist okay. Sarajevo ist wirklich interessant, aber eben auch nur eine Stadt. George programmiert die Navis und losgeht es. Nach gefühlten fünfzehn Minuten haben wir uns schon verloren. Abrupter Spurwechsel von George nach rechts, neben mir ein LKW, ich kann nicht hinter her. **Vor mir Stau, danach George nicht mehr zu sehen.** Nun, der Navi zeigt mit an der Kreuzung nach rechts an. Hier hatten wir gestern die Moschee besichtigt. Von George immer noch nichts zu sehen. Komisch. Sonst wartet er immer an der Stelle, wo er abbiegen will. Ich halte resigniert an einer Tankstelle und zücke das Handy. Er hat angerufen, aber keine Nachricht hinterlassen. Dann fällt mir plötzlich ein, die Autobahnvermeidung ist herausgenommen worden, als er hinter dem Schleppwagen fuhr. Oh nein, mein Navi lotst mich zur Autobahn.

George ruft an und fragt nach meiner Position. So finden wir uns wieder und fahren nochmals durch die Innenstadt und finden endlich aus Sarajevo heraus. Das Ganze hat uns eine Stunde gekostet. **Die Autobahn zu fahren, wäre aber besser gewesen.** Ort an Ort, Baustellen, Stau, LKWs und viel Staub. Die

Fahrt macht nicht wirklich Freude. Irgendwann biegen wir rechts ab und fahren bis auf 1100 Meter. Kein Verkehr, saubere Luft und nicht mehr diese Hitze. Super!

Nach der Grenze zu Kroatien (Problemlose Kontrolle mit viel Gelächter der Border Police auf der Einreiseseite) führt uns der Navi von der Hauptstraße runter und wir biegen in eine Straße mit einem Verbotsschild für Fahr- zeuge aller Art ein. Wir können natürlich nicht lesen, was darunter steht. **Da auch Autos abbiegen, mache ich mir eigentlich keine Sorgen.** Die kommen erst später: Die Straße wird nicht nur enger, holpriger, löchriger – nein, sie wird zur Piste mit kleinen und großen Steinen, winzigen Holz- brücken und geröllgehäuften Spitzkehren! Getreu dem Motto: *Gas stabilisiert!* Fahre ich immer weiter. Wenn ich jetzt anhalte, fahre ich nie wieder los.

Also durch und immer am Gas bleiben. Meine Arme sind hart wie Eisen, das Ganze ist eine Qual, aber am Ende bin ich stolz, dass ich die Maschine nicht abgelegt habe, dass uns nur wenige Autofahrer entgegen kommen und die Hoffnung auf bessere Verhältnisse nicht stirbt. Irgendwann wird die Straße annähernd normal und wir kommen in Glina an.

Der Navi führt uns zu einem Hotel Cantina, von außen nicht zu erkennen. George geht nach Zimmern fragen, ich bin von einer Hand voll schmutzstarrenden Kindern umringt. Gesicht und Kleidung der circa Fünf– bis Sechsjährigen sind von Dreck völlig verkrustet. Vermutlich betteln sie – ich kann leider nichts verstehen. Oder sind es nur Kinder, die noch richtig spielen und abends in die Badewanne müssen? Ein Junge tippt Georges Garmin an. Mit lauter Stimme weist er ihn zurück, erschrocken springt der Junge rückwärts.

Zum Glück gibt es hier Zimmer. Die Kellnerin spricht kein Englisch und erst recht kein Deutsch, aber mit Händen und Füßen machen wir unser Anliegen verständlich. Das Essen ist wirklich gut hier, die Terrasse ist schön gestaltet und wird durch unsere Maschinen noch verbessert. Wir dürfen sie hier abstellen. Was für ein Tag!

Dienstag, 16.06.2015: Sarajevo – Glina von George.

Heute ist es soweit, wir kehren dem Balkan endgültig den Rücken. Natürlich wieder bei Sonnenschein und Hitze. Gut wegkommen ist auch anders. Zuerst mal verlieren wir uns im Stadtgewühl von Sarajevo. Dank Navis und Handys ist so was heutzutage aber kein Problem mehr, kostet halt nur Zeit und ist nervig.

Irgendwann sind wir heraus aus Stadt und Vorstädten und fahren auf der R442 Richtung Kiseljak und Busovaca. Der Verkehr ist immer noch nervig. Es geht fast nur von Ort zu Ort, freies Fahren ist so gut wie nicht möglich. Auch die Landschaft bietet, sicher auch bedingt durch die vielen Ortsdurchfahrten, nicht allzu viel Reize. Hinter Busovaca geht es auf die E-661. Der Verkehr wird etwas weniger, die Landschaft und die Orte werden schöner. Vor allem Travnik scheint ein sehr schönes Städtchen zu sein. Direkt am Fluss Lasva gelegen, beherrscht von einer malerisch über der Stadt liegenden Burg – sieht wirklich gut aus.

In Turbe verlassen wir die E 661 wieder und biegen auf die R 413, eine schöne, kurvenreiche Straße, die sich bis auf fast 1100 Meter Höhe durch die Berge schraubt. Leider vom Belag her manchmal recht problematisch. Auf der anderen Seite geht es wieder hinab, zunächst immer am Fluss Vrbas entlang, der sich hier eine schöne tief eingeschnittene Landschaft geformt hat. So geht es kurvenreich bis Banja Luka. Das scheint auch eine schöne Stadt am Fluss Vrbas zu sein.

Hinter Banja Luka geht es dann auf die M4. Jetzt machen wir Meter. Die Straße ist in gutem Zustand, der Verkehr nicht zu stark und wir lassen es mit so 90 – 95 km/h laufen. So kommen wir schnell bis Novi Grad. Hier überqueren wir die Grenze nach Kroatien. Die Kontrollstellen sind jeweils am Flussufer der Una, die hier die Grenze zwischen Kroatien und Bosnien-Herzegowina bildet.

Wir erwarten jetzt nur noch eine lockere Fahrt von zirka 60 Kilometern, bis wir ein Hotel suchen. Aber es kommt etwas anders. Bis Trgovi fahren wir auf der D6, die Straße ist zwar nicht wirklich gut, außerdem Dorf an Dorf, aber wir kommen voran. In Trgovi biegen wir auf die Z3234. Sind zwar etwas verwundert, dass diese mit einem Schild *„Gesperrt",* allerdings mit einem für uns nicht lesbaren Zusatz, ausgezeichnet ist. Biegen aber zügig darauf. Kurze Zeit später wird der Asphalt sehr buckelig, um sich schließlich ganz zu verabschieden. Über eine löchrige Offroad–Piste geht es in meistens ziemlich engen Kurven durch einen lichten Wald.

Spurrillen und große Steinbrocken machen das Fahrerleben nicht einfacher. Dazu einige rustikale

Holzbrücken und ein ständiges rauf und runter. Abwechslungsreich und spannend für den Einen, anstrengend und nervend für die Andere. Auf jeden Fall dauert die Fahrt jetzt doch noch deutlich länger als gedacht. Doch irgendwann, so 15–20 Kilometer später, geht die Piste wieder über in Asphalt.

Wir durchfahren noch einige kleine Bauerndörfer, wo man uns erstaunt hinterherschaut, dann erreichen wir Glina.

Das Hotel hier ist zwar gut versteckt (Pizzeria), wird aber dank Navi schnell ausfindig gemacht. Am Ziel noch ein paar ziemlich verschmutzte, hartnäckige, bettelnde Kinder abgewimmelt, dann Zimmer klar machen und: Entspannung!

Strecke Tag 19: 347 km

Mittwoch, 17.06.2015. Von Kroatien nach Feldkirchen / Österreich – von Marbie.

Morgens ist es kühler als gewohnt. Der Himmel ist bedeckt, nach Regen sieht es aber noch nicht aus. Also etwas wärmer anziehen. In diesem Hotel mit drei Sternen (ein Stern für herausgerissene Steckdosen und geflickte Kabel, ein Stern für den allgemeinen Renovierungsstau und ein Stern für das gesprungene Waschbecken, was aber dichthält) gibt es zum Frühstück unaufgefordert wieder mal Rühreier mit Speck, Weißbrot und einen guten Kaffee. Für die Bezahlung in Kroatischen Kuna geht George zum Geldautomaten und holt es passend ab: 580 Kuna. Das mit den Euros ist zu kompliziert. Direkt vor unserem Fenster sehen wir wieder ein Storchennest mit den Eltern und noch ziemlich kleinen Jungen, die ihre Hälse recken.

Die mitgenommene Karte von Slovensko entpuppt sich als die Karte von der Slowakei, nicht als die von Slowenien. Also – das habe ich doch schon oft verwechselt! Peinlich. Ich hatte mich schon gewundert, dass wir diese besitzen. Also muss die Balkankarte aus Kroatien noch mal herhalten. Bevor wir losfahren, kommt ein Gast der Pizzeria und spricht uns auf Deutsch an.

„**Friedberg! Hallo, wie geht es denn?**"

Überrascht, dass hier in diesem kleinen Ort jemand Friedberg kennt, lachen wir ihn an.

„Ich habe in Frankfurt gearbeitet! Fahrt bloß vorsichtig, vor zwei Tagen sind zwei Motorradfahrer in den Abgrund gestürzt. Einer ist tot, der andere schwer verletzt! Noch einen Kaffee?"

Wir lehnen dankend ab. Aber die Begegnung und das kurze Gespräch in der kroatischen Provinz waren eindrucksvoll. Wir hatten gestern mal wieder vergessen, die Ketten zu schmieren. Und das nach dieser Schotter-Rüttelfahrt. Außerdem meint George, dass er zu wenig Luft in den Reifen hat. Also erst mal die nächste Tankstelle anfahren. Der Weg dorthin vom Garmin geführt, ist wieder eine kleine Schottereinlage: natürlich am Ende mit Steigung und eines erforderlichen Stopps vor der Hauptstraße. Fängt ja schon gut an.

Nach Luft- und Spritanken geht es um 10:30 Uhr endlich in Richtung Österreich. Irgendwie macht sich Müdigkeit bemerkbar. Ich könnte jetzt mal aufs Fahren verzichten, funktioniert aber nicht. Wir müssen nachhause.

An der Grenze zu Slowenien machen wir die Bekanntschaft mit einem Paar aus Ravensburg, unterwegs auf einer Yamaha FJR 1300. Sie kommen von den Plitvicker Seen, und hatten gerade das Regenzeug an, als das Wetter sich besserte. Auch sie wollen zum Wörther See.

Na ja, vielleicht sieht man sich ja wieder? Gegen 13:30 Uhr wechsele ich in den Pausenmodus. Das erkenne ich stets daran, dass die Blickführung ausgeschaltet wird. Also – anhalten. George hat das noch nicht erkannt, also halte ich in dem Ort, in dem ich eine Bar entdeckt. Ich bin ziemlich müde. Wir trinken einen Kaffee und werden wieder auf Deutsch angesprochen. Ein alter Herr sitzt dort und trinkt sein Bier. Neugierig betrachtet er unsere Motorräder.

Kurz vor Ljubljana nehmen wir sogar die Autobahn. Diese nervigen kleinen Straßen bringen uns nicht so recht nach vorn. Die Grenze zu Österreich ist endlich wie gewohnt: Keine Passkontrolle, einfach durchfahren. Es folgt eine Abwärtsfahrt durchs Gebirge. Wir fahren bis Feldkirchen in Kärnten und finden ein Hotel in der Innenstadt. Hotel Germann. Auch dieses Haus hat schon bessere Zeiten erlebt, es ist so groß, dass mindestens drei Busladungen hier Unterkunft finden. Eine ältere Dame hält noch die Stellung und wir bekommen ein großes Zimmer, sogar Toilette und Dusche getrennt. Welch ein Luxus.

„Die Busse aus Holland – die kommen nicht mehr", sagt sie. Aber es klingt nicht trostlos oder resigniert. Eher, es ist, wie es ist. Dieses riesige Anwesen mit Festsaal, Café, Restaurant und Hotelgebäude wird nicht mehr benötigt. Da ich vom Motorradfahren aktuell ziemlich gesättigt bin, sucht George eine Route ohne Pässe und Spitzkehren. Den Großglockner lassen wir aus, und nehmen stattdessen den

Felbertauern-Tunnel, kostet an Maut 10 Euro pro Motorrad. Wir werden morgen wahrscheinlich den Geburtsort der Husqvarna Nuda Nr. 6 aufsuchen: Traunreuth, nordöstlich vom Chiemsee. Hier wurde sie zusammen gebaut.

Donnerstag, 18.06.2015. Von Österreich nach Obin in Deutschland – von Marbie.

Wir haben Wasserburg am Inn auf dem Plan. Den Großglockner lassen wir aus, ich habe keine Lust mehr auf Spitzkehren, außerdem schneit es da bestimmt. Eigentlich möchte ich nur noch geradeaus fahren. Und das machen wir dann auch. Endlich breite, gute Straßen mit ordentlichen Metern fahren. George möchte die Geburtsstätte seiner Maschine kennen lernen:
http://www.zupin.de/
Wir machen Stopp in Traunreut, verfolgt von dunklen Wolken. Der Service in dieser Edel-Werkstatt ist vorbildlich. Hier könnte man sogar vom Boden essen.
Die Huskie bekommt wieder eine Original BMW Batterie, eine neue Abdeckung, Kettenspannung und -schmierung. Alles kostenlos. WOW!
Außerdem erhalten wir noch zwei T-Shirts geschenkt. Ich beklage mein Leid mit den kurzen Beinen. Der Verkäufer fährt mir eine Terra mit Straßenbereifung vor, diese sei tiefer gelegt. Aber nicht tief genug – leider.
Zum Schluss kommt noch der Chef, Herr Josef Zupin persönlich zu unseren Maschinen. Er fotografiert die total verdreckte Huskie samt Gepäck und dem Kilometer– Stand mit 22.000 km.

„Keine Probleme, keine Beanstandung?", fragt er. „Nein, alles bestens.", bestätigt George.

Na, das mit dem Licht könnte nach meiner Einschätzung besser sein, die Strahlkraft des Scheinwerfers reicht gerade für den TÜV. Aber ich sage nichts.

Donnerstag, 18.06.2015: Feldkirchen in Kärnten – Obing von George.

Das Hotel hat sicherlich schon bessere Zeiten gesehen. Es ist einfach viel zu groß – da wird es mit einem wirtschaftlichen Betrieb sicher sehr schwer, wie auch die recht betagte Dame (Besitzerin?) uns beim Abendessen bestätigt: *„Die holländischen Reisebusse kommen einfach nicht mehr!"*
Trotzdem ist es sauber, das Essen ist gut. Wir sind also zufrieden. Wir fahren bei bewölktem Himmel los. Heute geht es überwiegend auf gut ausgebauten „Durchfahrstraßen" richtig Heimat. Margitta ist die Kurverei jetzt einfach zu viel, sie will möglichst schnell nachhause rollen. Trotzdem wollen wir noch, wenn es passt, bei Zupin vorbeischauen. Immerhin ist dort meine Nuda RR entworfen und gebaut worden. So geht es über die B 95, die B 88 und die B 98 vorbei am Millstädter See. Durchaus mit annehmbaren Kurven und schöner Landschaft. Aber auch etwas Verkehr. Dann geht es ähnlich weiter über die B 100 bis Lienz.

Hier biegen wir auf die B 108 zum Felbertauerntunnel. Es geht auf gut ausgebauter Bundesstraße hinauf in die „Hohen Tauern", immerhin auf ca. 1615 Meter Höhe. Leider mit entsprechend viel Verkehr. Der Tunnel ist etwas über fünf Kilometer lang und kostet 10 € Maut je Fahrzeug. Na ja, er bringt uns immerhin schnell auf die andere Alpenseite. Die Abfahrt ist auch in Ordnung, schöne Kurven, freier Blick auf die Tauern.

In Mittersill biegen wir auf die B 161 Richtung Kitzbühel. Dabei überqueren wir den 1274 Meter hohen Thurn Pass. Der führt so schön bergauf, dass ich die Nuda hier frei laufen lasse, ohne, wie sonst in Österreich, den Tacho ständig im Blick zu haben. Spaß hat es gemacht – ob es auch ohne Nachspiel abgeht – schaun' mer mal! Bis St. Johann in Tirol bleiben wir auf der
B 161, dann geht es über kleine Landstraßen über Erpfendorf nach Reit im Winkel.

Tja, jetzt sind wir wieder zurück in „Good old 'Germoney'". Bis Reifing folgen wir der B 305, anfangs noch recht interessant, doch später wird sie langweilig. Das ändert sich auch auf der kleinen Landstraße, der wir dann am Chiemsee vorbei bis Traunreut folgen, nicht. Der Chiemsee schlägt hier aber ganz schöne Wellen.

In Traunreut fahren wir, wie geplant, bei Zupin Motorsport vorbei. Und ich muss sagen: Das ist auch ein Highlight der Reise. Wir kommen relativ verdreckt nach der Reise an. Ich stelle mich am Empfang vor und möchte den Vertriebsleiter Herrn Dörich zu sprechen. Der erscheint auch einen Moment später. Und ist hellauf begeistert. Meine Zupin-Nuda RR mit fast 22.000 Kilometern auf dem Zähler hier quasi frei zur Bestandsaufnahme. Er will wissen, wie sich das Motorrad bisher bewährt hat und was ich alles damit fahre.

Das Malheur mit der Batterie wird erklärt. Und gleich darauf bauen sie mir eine neue Batterieabdeckung ein. Als dabei festgestellt wird, dass die Batterie ein No-Name-Produkt ist, wird sie auch gleich ausgetauscht. Bei der Gelegenheit erhalten wir die Möglichkeit einer Werkstattbesichtigung.

Die Unterhaltung mit Herrn Dörich und den zwei anwesenden Mechanikern ist wirklich angenehm. Alle sind begeistert von ihrem Job und mit Enthusiasmus bei der Sache. Die Zeit geht viel zu schnell vorbei, aber diese ein bis zwei Stunden möchte ich nicht missen. Als wir uns gerade verabschieden, kommt auch noch der Chef des Hauses vorbei. Der mit seiner Begeisterung und Freude darüber, dass wir mit unserer Nuda RR hier vorbei- schauen, emotional dem Besuch noch einen darauf setzt und mich in der Überzeugung, das richtige Motorrad von den richtigen Leuten erworben zu haben, enorm bestärkt. **Kurzum: Eine Firma, die die durch ihr Engagement, ihre Fachkenntnis und ihre Kompetenz voll über- zeugt.**

Doch auch der schönste Moment geht vorbei. Wir fahren weiter. Kurz nachdem wir Zupin verlassen, setzt heftiger Regen ein. In Obing bei der Ortsdurchfahrt sehe ich aus dem Augenwinkel ein Hotel. Wir bekommen zum Glück auch noch ein Zimmer und beschließen den heutigen Tag bei einem guten Essen.

Abb. 28 George mit Herrn Zupin in Traunreut

Strecke Tag 21: 317 km

Freitag, 19.06.2015. Von Obin nach Karben – von Marbie.

Das Wetter hat sich nicht wirklich beruhigt, es ist sogar ziemlich kalt geworden. Tief hängen die Wolken und es sieht nach einem tagelangen Landregen aus. Und das heute, wo wir 480 km nachhause müssen. Die Wetterkarte verspricht aber vor München Besserung und bis Würzburg soll sogar minutenweise die Sonne hervor- kommen.

Als wir losfahren, ziehe ich mir Regenzeug in Vollmontur an. Und es regnet dann auch stellenweise mal heftig, aber nur kurz. Bei Nässe nehme ich sofort die angespannte Haltung an. Also, der Sturz ist im Kopf gut abgespeichert. Für mich steht eine neue Maschine an: keinen Einzylinder mehr!

Um 16:00 Uhr sind wir zuhause angekommen. Und nach einer Stunde kommt der Regen richtig runter. Wir sind trocken geblieben. Diese Tour war eine tolle Erfahrung. Nach Montenegro muss ich noch mal fahren: Bis zur Küste und eine Rundtour bis zur Tara Schlucht. **Unbedingt ansehen!**

Freitag, 19.06.2015: Obing – Karben von George

Morgens schüttet es immer noch. Bis wir dann loskommen, lässt der Regen aber deutlich nach, um kurz darauf endgültig zu versiegen. Auch den restlichen Tag kommen wir, entgegen der Wetterprognose, fast ohne Regen durch. Fahrtechnisch ist heute ja auch nicht mehr viel angesagt. Wir fahren über die B 304 Richtung München, dann ab auf die verhasste Autobahn.

Über Nürnberg, Würzburg, Aschaffenburg und Hanau geht es dann heimwärts. Irgendwo noch eine kurze Einlage gegen einen LKW, nichts dramatisches, aber immerhin. Am Hanauer Kreuz wegen einer Baustelle die richtige Abfahrt verpasst, Margitta wählt eine andere Ausfahrt als ich, trotzdem kommen wir fast zeitgleich und fast trocken zu Hause an. Abrödeln, Abspannen, Eindrücke verarbeiten.

Strecke Tag 22: 482 km

Weitere Reiseberichte von uns

Unterwegs im nördlichen Marokko in 2013, in einer Kleingruppe mit vier Personen und drei Motorrädern. Rundreise vom Rifgebirge bis zum Erg Chebbi, Todra Schlucht und Atlantikküste.

Marbie Stoner

Marokko mit dem Motorrad

Eine Reise für Unerschrockene

Nur als Ebook bei Amazon und Tolino. Madeira ist nichts für Unerfahrene, stellenweise gibt es dort Gefälle bzw. Steigungen bis zu 40%!

Bei Amazon auch als Printausgabe und bei Tolino als Ebook.

Verschiedene Reisen durch das Leben, meine Kurzgeschichtensammlung, erschienen auch bei Neobooks. Für Schreckhafte nicht geeignet. Stellen Sie sich vor, Ihr Ehemann öffnet Ihnen die Türe, hat ein Messer im Bauch und riecht nach E605.

„Das Abwasser läuft in die Wand!", sagt er.

Eine Sammlung von Kurzgeschichten um die alltäglichen Tragiken beim Motorradfahren, als Ebook und als Printausgabe mit 150 Seiten, bei Amazon.

Vier Tage mit dem Enduropark Hechlingen in einer geführten Kleingruppe, abseits der normalen Pfade auf ehemaligen Militärstraßen. Als Ebook bei Amazon.

Wir freuen uns über Rückmeldungen, Fragen, Emails und Rezensionen!

Bietet der Reisebericht gewünschte und benötigte Informationen? Was fehlt?

Was können wir besser machen?
Und wenn es gar nicht anders geht: Was ist gut?

Bis bald und die linke Hand zum Gruß!

Marbie & George